Uwe Frank

Data Mining als betriebliches Informationssystem
im Unternehmen

Uwe Frank

Data Mining als betriebliches Informationssystem und dessen Implementierung im Unternehmen

diplom.de

Bibliografische Information der Deutschen Nationalbibliothek:

Bibliografische Information der Deutschen Nationalbibliothek: Die Deutsche Bibliothek verzeichnet diese Publikation in der Deutschen Nationalbibliografie; detaillierte bibliografische Daten sind im Internet über http://dnb.d-nb.de/ abrufbar.

Copyright © 1997 Diplomica Verlag GmbH
Druck und Bindung: Books on Demand GmbH, Norderstedt Germany
ISBN: 978-3-8386-1721-3

http://www.diplom.de/e-book/217591/data-mining-als-betriebliches-informations-system-und-dessen-implementierung

Uwe Frank

Data Mining als betriebliches Informationssystem und dessen Implementierung im Unternehmen

Diplomarbeit
an der Universität Stuttgart
November 1997 Abgabe

***Diplomarbeiten* Agentur**
Dipl. Kfm. Dipl. Hdl. Björn Bedey
Dipl. Wi.-Ing. Martin Haschke
und Guido Meyer GbR

Hermannstal 119 k
22119 Hamburg

agentur@diplom.de
www.diplom.de

ID 1721
Frank, Uwe: Data Mining als betriebliches Informationssystem und dessen
Implementierung im Unternehmen / Uwe Frank · Hamburg: Diplomarbeiten Agentur,
1999
Zugl.: Stuttgart, Universität, Diplom, 1997

Dipl. Kfm. Dipl. Hdl. Björn Bedey, Dipl. Wi.-Ing. Martin Haschke & Guido Meyer GbR
Diplomarbeiten Agentur, http://www.diplom.de, Hamburg
Printed in Germany

Diplomarbeiten Agentur

Wissensquellen gewinnbringend nutzen

Qualität, Praxisrelevanz und Aktualität zeichnen unsere Studien aus. Wir bieten Ihnen im Auftrag unserer Autorinnen und Autoren Wirtschaftsstudien und wissenschaftliche Abschlussarbeiten – Dissertationen, Diplomarbeiten, Magisterarbeiten, Staatsexamensarbeiten und Studienarbeiten zum Kauf. Sie wurden an deutschen Universitäten, Fachhochschulen, Akademien oder vergleichbaren Institutionen der Europäischen Union geschrieben. Der Notendurchschnitt liegt bei 1,5.

Wettbewerbsvorteile verschaffen – Vergleichen Sie den Preis unserer Studien mit den Honoraren externer Berater. Um dieses Wissen selbst zusammenzutragen, müssten Sie viel Zeit und Geld aufbringen.

http://www.diplom.de bietet Ihnen unser vollständiges Lieferprogramm mit mehreren tausend Studien im Internet. Neben dem Online-Katalog und der Online-Suchmaschine für Ihre Recherche steht Ihnen auch eine Online-Bestellfunktion zur Verfügung. Inhaltliche Zusammenfassungen und Inhaltsverzeichnisse zu jeder Studie sind im Internet einsehbar.

Individueller Service – Gerne senden wir Ihnen auch unseren Papierkatalog zu. Bitte fordern Sie Ihr individuelles Exemplar bei uns an. Für Fragen, Anregungen und individuelle Anfragen stehen wir Ihnen gerne zur Verfügung. Wir freuen uns auf eine gute Zusammenarbeit

Ihr Team der *Diplomarbeiten* Agentur

Dipl. Kfm. Dipl. Hdl. Björn Bedey –
Dipl. Wi.-Ing. Martin Haschke —
und Guido Meyer GbR ———

Hermannstal 119 k ———
22119 Hamburg ———

Fon: 040 / 655 99 20 ———
Fax: 040 / 655 99 222 ———

agentur@diplom.de ———
www.diplom.de ———

Inhaltsverzeichnis

Abkürzungsverzeichnis

DB.. Deckungsbeitrag

DBMS..................................... database management system,

Datenbankmanagementsystem

DM... Data Mining

DSS.. decision support system

DV..Datenverarbeitung

DW... Data Warehouse

EBIS... europe business information system

EDV.. Elektronische Datenverarbeitung

EIS.. executive information system,

Entscheidungsinformationssystem

EUS.. Entscheidungsunterstützungssystem

FIS.. Führungsinformationssystem

HW... Hardware

IM... Informationsmanagement

IS.. Informationssystem

MIS... management information system,

Managementinformationssystem

MOLAP.................................... multidimensional online analytical processing

MQE... managed query environment

MS.. Microsoft

MUS.. Managementunterstützungssystem

KDD.. Knowledge Discovery in Databases

KI.. Künstliche Intelligenz

OLAP.. online analytical processing

OLTP.. online transaction processing

RDBMS..................................... relational database management system,

Relationales Datenbankmanagementsystem

ROLAP...................................... relational online analytical processing

SQL... standard query language

SW.. Software

XPS... expert systems, Expertensysteme

Abbildungsverzeichnis

1. Einleitung

1.1 Problem

Immer schneller steuern die westlichen Industrieländer auf die sogenannte Informations-gesellschaft zu. Unternehmen beschäftigen sich immer stärker mit den Themen Informa-tion und Kommunikation, um daraus Wettbewerbsvorteile zu erzielen. In jedem Jahr werden in einem Unternehmen neue Daten von EDV-Anwendungen produziert, so daß die vorhandene Datenmenge rapide zugenommen hat und auch weiterhin wächst. Man schätzt, daß sich die Menge weltweit vorhandener Informationen alle 20 Monate verdoppelt.[1]

Diese objektive Datenzunahme macht sich auch subjektiv als Information Overload bemerkbar. In diverser Literatur wird dabei sogar von einem *Datennirvana* gesprochen. Es fällt deshalb immer schwerer, aus einer Fülle ungeordneter Daten schnell und verläßlich wichtige Informationen, die Grundlage aller Entscheidungen sind, herauszu-ziehen. Die Situation in vielen Unternehmen kann als *Informationsarmut im Datenüber-fluß*[2] bezeichnet werden. Dies führte zu einem gesteigerten Interesse an Methoden, die automatisch nützliches Wissen aus großen Datenbanken filtern können. Das idealisierte Ziel ist letztendlich die *Information auf Knopfdruck*.

Aus dieser Entwicklung heraus hat sich in den letzten ca. 5 Jahren unter den Synonymen Data Mining, Knowledge Discovery in Databases oder Datenmustererkennung eine neue Forschungsrichtung etabliert. Das Forschungsziel sind allgemein verwendbare, effiziente Methoden, die *selbständig* aus riesigen unbereinigten Datenmengen versteckte Informa-tionen identifizieren können und dem Anwender als Wissen präsentieren, das von hoher strategischer Bedeutung ist.

Erste Erfolge im Bereich des Data Mining dokumentieren Workshops der letzten Jahre und das beachtliche Angebot an kommerziellen Software-Tools für die Datenmuster-erkennung. Berichte aus der Praxis sind zwar noch rar, aber es mehren sich Hinweise darauf, daß Data Mining Fuß fassen wird.[3]

---

[1] vgl. Bissantz (1996), S. 1
[2] vgl. Hagedorn (1996), S. 1
[3] vgl. Bissantz (1996), S. 1

Voraussetzung für effektives und erfolgreiches Data Mining ist allerdings ein gut organisierter Datenbestand, eine konsistente Datenbasis, z.B. in Form eines sog. Data Warehouse. Einerseits wird die Datengrundlage verbreitert, andererseits liegen die Daten in einer systematischen Ordnung zur Analyse vor.

Da die Implementierung eines Data Warehouse und des Data Mining langfristig und evolutionär angelegt sein muß, sollte diese strategische Entscheidung auf oberster Ebene getroffen werden. Nicht zuletzt deswegen, weil auch außerordentlich hohe Kosten damit verbunden sein können.

1.2 Zielsetzung

Der Forschungssektor des Data Mining ist sehr vielseitig. Es werden Methoden und Erkenntnisse aus vielen verschiedenen Disziplinen genutzt, wie z.B. Statistik, Künstliche Intelligenz, Expertensystem- oder Datenbankforschung.

Betriebliche Anwendungen gibt es bis dato vor allem im Bereich der Marktforschung, im Controlling, aber auch im Handel, in Banken und Versicherungen.

Intention dieser Arbeit ist es jedoch, die betriebswirtschaftlichen Aspekte des Data Mining herauszustellen, und dabei vor allem die Bedeutung von Data Mining als betriebliches Informationssystem aufzuzeigen.

Dazu sollen Konzeption, Funktionen und Ziele des Data Mining vorgestellt und die strategische Bedeutung der Data-Mining-Lösungen erkannt werden. Desweiteren wird in dieser Arbeit schließlich ein Vorschlag zur Implementierung von Data Mining im Unternehmen ausgearbeitet.

Auf die verschiedenen technischen Aspekte des Data Mining, wie z.B. verwendete technische Verfahren, Algorithmen usw., wird deshalb im Rahmen dieser Arbeit nur sehr kurz eingegangen.

1.3 Vorgehensweise

Kapitel 1 definiert Ziel und inhaltlichen Rahmen dieser Arbeit. Kapitel 2 geht auf die Bedeutung von Information und deren Unterschied zu Rohdaten ein. Darüberhinaus wird die Entwicklung von betrieblichen Informationssystemen beleuchtet.

Im Kapitel 3 wird das Data Warehouse als geeignete Grundlage für Data Mining vorgestellt. Neben der Konzeption, dem Aufbau und den Tools im DW wird auch die Bedeutung des DW für das Data Mining erklärt.

Darauf aufbauend zeigt Kapital 4 die Konzeption von Data Mining als betriebliches Informationssystem und dessen Funktionen und Ziele. Dabei werden auch kurz die technischen Basismethoden voneinander unterschieden.

Kapitel 5 zeigt die strategische Rolle von Data-Mining-Lösungen und deren Anwendungsmöglichkeiten in der Praxis. Darüberhinaus wird die letzte Stufe von Informationen zum Wissen untersucht.

Im Kapitel 6 steht die Implementierung von Data Mining aus prozessualer Sicht im Mittelpunkt. Dazu wird allerdings nicht auf die technischen, als vielmehr auf die organisatorischen Aspekte der Implementierung eingegangen.

Den Abschluß bilden in Kapitel 7 die Grenzen des Data Mining, sowie ein Ausblick auf mögliche Weiterentwicklungen in der Data-Mining-Forschung.

2. Produktivitäts- und Wettbewerbsfaktor Information

2.1 Von Daten zu Informationen

Daten liegen in großen Mengen und auf vielfältigste Art und Weise in Unternehmen vor. Sie stellen versteckte Informationen in einer maschinell verarbeitbaren Form dar. Dabei kann es sich je nach Zweck und den zur Verfügung stehenden Mitteln um schriftliche, bildliche oder sprachliche Daten handeln.[4]

Doch nur ein kleiner Anteil der vorliegenden Daten wird analysiert und bearbeitet, denn durchschnittlich werden nur 7% aller Daten in Unternehmen genutzt![5]

Der Rest verkommt zu einem großen Datenfriedhof. Deshalb gilt es, dieses Potential an Informationen zu nutzen, um sich im Wettbewerb einen Informationsvorsprung zu erarbeiten. Dies ist möglich durch eine bessere Auswertung der Rohdaten und dem richtigen Timing von Entscheidungen.[6]

Um aus Daten jedoch Informationen gewinnen zu können, müssen diese strukturiert und formatiert werden. Formatierte schriftliche Daten haben eine hierarchische Struktur und können stufenweise zu Einheiten, sog. Datenobjekten, zusammengefaßt werden:[7]

Datenhierarchie:

Zeichen ⇨ Datenfeld ⇨ Datensatz ⇨ Datei ⇨ Datenbank

Die unterste Stufe repräsentieren *Zeichen*, die als Menge den Zeichenvorrat bilden. Zeichen können Buchstaben, Ziffern oder Sonderzeichen sein, die schließlich Daten konstituieren.

Daten wiederum sind Fakten, die keinen direkten Verwendungsbezug haben. Sie werden in der oben dargestellten Hierarchie auf Datenträgern gespeichert.[8]

In den meisten Unternehmen liegen Daten jedoch noch immer verteilt und inkonsistent vor. Dieses Wissen ist auf diverse Datenbanken verteilt, weil die Werkzeuge fehlten, die Daten so zusammenzufassen, daß jederzeit Analysen schnell und sicher möglich sind.[9]

---

[4] vgl. Hansen (1992), S. 109
[5] vgl. Boehrer (1996), S. 9
[6] vgl. ebenda, S. 9
[7] vgl. Hansen (1992), S. 110 f
[8] vgl. Zahn (1997), S. 3
[9] vgl. Vakily (1996), S. 6

Daten werden allgemein erst dann zu Informationen, wenn sie in einen Handlungskontext gebracht und damit entscheidungsrelevant aufgearbeitet werden.[10]

„*Informationen* sind Datenmengen, die im Lichte von Entscheidungssituationen zusammengeführt und strukturiert werden und so eine Bedeutung erhalten."[11]

Möchte man gespeicherte Informationen gezielt nutzen, ist eine konsistente Datenbasis unentbehrlich. Nur ein ganzes Konzept von der Datenintegration und -modellierung über die Datensammlung bis hin zur Datenpräsentation läßt aus Rohdaten brauchbare Informationen werden.[12]

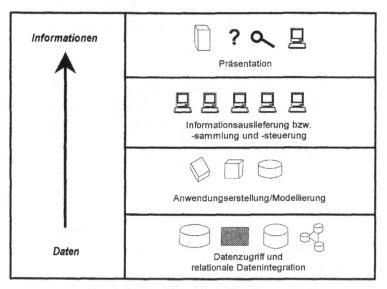

Abb. 1: Aus Daten werden Informationen
(Quelle: Möllmann (1996), S. 217)

In dem in dieser Arbeit kurz diskutierten Data Warehouse stehen Daten auf Abruf bereit und darauf aufbauend schafft schließlich Data Mining die Möglichkeit, „um aus dieser Goldmine Kapital zu schlagen."[13]

---

[10] vgl. Zahn (1997), S. 3
[11] ebenda, S. 4
[12] vgl. Möllmann (1996), S. 217
[13] Vakily (1996), S. 6

2.2 Die strategische Bedeutung von Information

Die Bedeutung von Information wird deutlich, wenn man erkennt, daß vor jeder Entscheidung zunächst ein *Informationsproblem* steht.

„Das Problem der Unternehmensführung ist sozusagen ein Problem der Informationsbeschaffung und Informationsverarbeitung."[14]

Entscheidungen sind letztendlich die *Transformation von Information in Aktion*. Deshalb können Informationen als eigenständiger Produktionsfaktor zur Erstellung von Entscheidungen angesehen werden. Informationen sind formal betrachtet der Input für Entscheidungen, durch die letztendlich Aktionen eingeleitet werden, die dann wiederum zu Zustandsänderungen führen, durch deren Wahrnehmung dann neue Informationen gewonnen werden können.

Dieser Kreislauf wird als Informationsrückkopplung bezeichnet. Entscheidungen werden dabei als Soll-Ist-Korrektur beobachteter Zustandsabweichungen verstanden. Doch neben diesen vergangenheitsbezogenen Kontrollinformationen gehen in den Entscheidungsprozeß auch die wichtigen zukunftsbezogenen Planungsinformationen als vorgekoppelte Informationen ein. Sie sind meist externer Natur und werden durch Analysen und Prognosen gewonnen.[15]

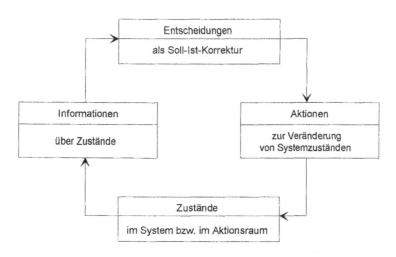

Abb. 2: Entscheidungen als Prozesse der Informationsrückkopplung
(Quelle: Zahn (1993), S. 226)

---

[14] Zahn (1997), S. 9
[15] vgl. Zahn (1993), S. 226 f

Informationen sind also die Grundlage für Entscheidungen. Dabei muß zwischen verschiedenen Kategorien von Informationen unterschieden werden.
Der *Informationsbedarf* steht für die objektiv benötigte Information. Das *Informationsangebot* bezeichnet die vorhandene, bereitgestellte Information. Die *Informationsnachfrage* ist die subjektiv notwendige, nachgefragte Information.[16]

Die Qualität von Entscheidungen hängt also wesentlich davon ab, ob die relevanten Informationen erkannt und selektiert wurden:

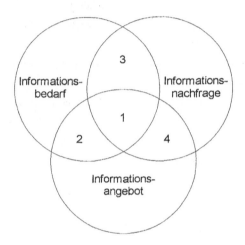

1 Nachgefragte, objektiv notwendige und vorhandene Information
2 Objektiv notwendige und vorhandene Information, die nicht nachgefragt wird
3 Objektiv notwendige und nachgefragte Information, die nicht bereitgestellt wird
4 Nachgefragte und vorhandene Information, die objektiv unnötig ist

Abb. 3: Informationsbedarf, -nachfrage und -angebot
(Quelle: Heilmann (1994), S. 2.2)

Um zu solchen Entscheidungen zu gelangen, müssen sowohl operative, als auch dispositive Daten zu Informationen verarbeitet werden.

---

[16] vgl. Heilmann (1994), S. 2.2 (Zur Erklärung: Kapitel 2, Seite 2)

Operative Daten wurden lange Jahre hinweg batchorientiert verarbeitet. Meist über Nacht wurden die Batchprogramme gestartet, die die Daten Stapel für Stapel abarbeiteten. In letzter Zeit werden diese Programme immer mehr durch sog. OLTP-Programme verdrängt. Hier findet eine direkte On-Line-Kommunikation zwischen Benutzer und Computer statt. Transaktionen werden sofort durchgeführt. Operative Daten führen so zu operationellen Lösungen.[17]

Für die Entscheidungsfindung sind jedoch vor allem Informationslösungen von Bedeutung. Beispiele für Informationslösungen sind Abfragen, Auswertungen und Analysen aller Art.[18]

Diese Lösungen sind für die Datenanalyse entwickelt worden und sind jetzt unter dem Begriff OLAP (Online Analytical Processing) bekannt.

Neben den operativen Daten werden dazu auch *dispositive Daten* benötigt, die interner und vor allem externer Art sind. Diese müssen transformiert und dann, allen Entscheidungsträgern zugänglich, zentral abgelegt werden:[19]

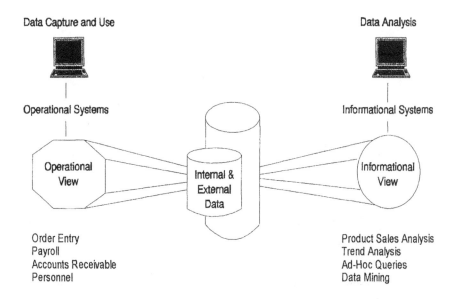

Data Capture and Use   Data Analysis

Operational Systems   Informational Systems

Operational View   Internal & External Data   Informational View

Order Entry   Product Sales Analysis
Payroll   Trend Analysis
Accounts Receivable   Ad-Hoc Queries
Personnel   Data Mining

Abb. 4: Verschiedene Daten für verschiedene Zwecke
(Quelle: Boehrer (1996), S. 12, entnommen aus:
The IBM Information Warehouse Solution, S. 3)

---

[17] vgl. Boehrer (1996), S. 12 f
[18] vgl. ebenda, S. 14
[19] vgl. ebenda, S. 14

Zusammenfassend kann also festgehalten werden, daß es darum geht, aus Rohdaten Informationen zu gewinnen. „Wir erleben die Demokratisierung des Wissens. Jeder wird die Informationen, die er braucht, zur Verfügung haben - welche auch immer, wann immer und wo immer er sie braucht."[20]

Diese Information ist Zuwachs an entscheidungsrelevantem Wissen, so daß ein effizientes Informationsmanagement im Umgang mit strategisch bedeutsamer Information im Unternehmen einen wichtigen Wettbewerbsfaktor darstellt.

„Zugang zu Information schafft die Voraussetzung für flexibles Handeln und kompensiert die Unmöglichkeit der Prognose bei hyperdynamischem Wandel."[21]

Das Ziel des Informationsmanagements (IM) ist es, die richtige Information zur richtigen Zeit am richtigen Ort bereitzustellen, d.h. die optimale informationstechnische Infrastruktur des Unternehmens. Die Aufgaben des IM sind vielfältig. Neben operativen Tätigkeiten, wie z.B. dem Ressourcenmanagement, ist jedoch der strategische Charakter des IM hervorzuheben.

Es soll die strategische Rolle von Information und Kommunikation im Unternehmen definiert und die Informationsversorgung geplant werden.[22]

Eine optimale Informationsversorgung im Unternehmen ist vorhanden, wenn

   ✓ jeder Mitarbeiter

   ✓ die Informationen (intern und extern), die er benötigt (subjektiv oder objektiv)

   ✓ in geeigneter Form

   ✓ auf einfache Weise

   ✓ zum richtigen Zeitpunkt

erhält.[23]

Schließlich ist die Informations-Infrastruktur des Unternehmens zu planen und zu entwickeln.[24]

Unter dieser Infrastruktur versteht man die informationstechnische Ausstattung des Unternehmens, wozu auch die computergestützten Informationssysteme zur Entscheidungsunterstützung gehören.

---

[20] Degenhardt (1996), S. 235, zitiert nach: Gates, B. („Auf dem Weg nach vorne")
[21] Zahn (1996), S. 3
[22] vgl. Heilmann (1993), S. 1.5
[23] vgl. Heilmann (1994), S. 2.1
[24] vgl. Heilmann (1993), S. 1.5

2.3 Entwicklung der Informationssysteme (Vom MIS zum Data Warehouse)

Führungskräfte bei der Entscheidungsfindung mit Informationssystemen zu unterstützen ist schon seit den 60er Jahren ein wesentliches Problem in der betrieblichen Informationsverarbeitung. Die Geschichte der betrieblichen Informationssysteme ist lang und von vielen Mißerfolgen geprägt. Technische Defizite, Euphorie der Anbieter und hohe Erwartungen der Anwender führten zu einem ständigen Stimmungswechsel bzgl. betrieblicher Management-Informationssysteme.[25]

Die grundlegende Aufgabe von Management-Informationssystemen sollte es sein, aus Daten Informationen zu machen.[26]

Die Anstrengungen, eine zufriedenstellende Informationsversorgung der Führungskräfte zu bewerkstelligen, die dem „Entscheider die benötigten Informationen zum richtigen Zeitpunkt in der gewünschten Form zur Verfügung stellt"[27], sind unter verschiedenen Begriffen bekannt geworden:[28]

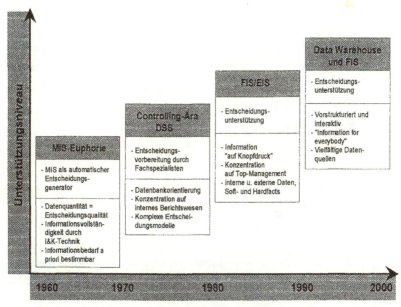

Abb. 5: Vom MIS zum Data Warehouse
(Quelle: Bullinger u.a. (1995), S. 19)

---

[25] vgl. Schinzer (1996), S. 468
[26] vgl. Hannig (1996), S. 23
[27] Hannig und Schwab (1996), S. 1
[28] vgl. Bullinger u.a. (1995), S. 18

2.3.1 Management-Informationssysteme (MIS)

In den 60er Jahren änderte sich aufgrund von Umweltänderungen, wie z.B. Tendenz zum Käufermarkt, Kundenorientierung oder Internationalisierung, der Informationsbedarf der Führung. Diese stand vor neuen, unbekannten Entscheidungssituationen, für die es weder Erfahrungswerte, noch die informatorischen Grundlagen gab.[29]

Doch schon bald nach dem betrieblichen Einsatz von Datenbanken begann die Entwicklung von Software, die dem Entscheider aus der Fülle von Daten die gewünschten Informationen liefern sollte. Aber aufgrund technischer Nichtmachbarkeit und fehlender PuK-Systeme scheiterte dieser erste Versuch.

Die Speicher- und Verarbeitungskapazitäten der Hardware reichten nicht und die Programmiersprachen erwiesen sich für die MIS-Entwicklung als ungünstig. Desweiteren unterstützten MIS weder die Problemstrukturierung, noch boten sie konkrete Lösungsverfahren. Sie ersetzten somit das Informationsdefizit durch eine ungefilterte Informationsflut. Schließlich waren sie nicht in der Lage, qualitative und damit weiche Daten zu verarbeiten.[30] Aus der *MIS-Euphorie* wurde so eine *MIS-Skepsis*.[31]

Schon 1967 bezeichnete Ackoff diese Entwicklung als Mißinformationssystem und verwies dabei auf den kontraproduktiven Charakter von MIS-Anwendungen[32], der auf folgenden Gründen beruhte:[33]

❶ Es herrscht Informationsüberfluß, kein Informationsmangel

❷ Der Informationsbedarf ist a priori nicht bestimmbar

❸ Informationsbereitstellung allein genügt nicht

❹ Soziale Aspekte des Computereinsatzes sind zu berücksichtigen

Von nun an war der Begriff MIS natürlich negativ besetzt. Man erkannte, daß es neben der Bereitstellung von Informationen vor allem auf die Entscheidungsunterstützung ankam.

Deswegen wurde der Begriff der Decision Support Systems (DSS) kreiert.

---

[29] vgl. Bullinger u.a. (1995), S. 18

[30] vgl. Zahn (1997), S. 52

[31] vgl. Hannig und Schwab (1996), S. 1

[32] vgl. Bullinger u.a. (1995), S. 19

[33] vgl. Ackoff (1967), S. 147 ff

2.3.2 Controlling-Ära (DSS)

In den 70er und 80er Jahren verstärkte sich die Globalisierung des Wettbewerbs. In den Mittelpunkt der Managementunterstützung rückte nun immer mehr das Rechnungswesen und erste Controlling-Ansätze wurden entwickelt. Doch der starre und vergangenheitsorientierte Charakter des betrieblichen Rechnungswesens ermöglichte es nicht, Prognosen oder Ad-hoc-Analysen zu erstellen. Dies führte zur Entwicklung von DSS, die als Abfrage- und Analyseinstrument die Erwartungen der Manager befriedigen sollten.[34]

DSS wurden konzipiert, um im Gegensatz zu MIS, auch für weniger gut strukturierte Problemstellungen flexibel und ad-hoc Lösungen zu finden.[35]

Typische Funktionen von DSS sind der Datenzugriff, statistische Funktionen und vor allem optimale anwenderfreundliche und individuelle Benutzerschnittstellen.[36]

Aber wiederum erfüllte dieses Entscheidungsunterstützungssystem nicht die hochgesteckten Erwartungen. Gründe dafür waren komplizierte Befehlssprachen, starre Modelle und hohe Kosten für die DV-Infrastruktur, die nicht unmittelbar zum Erfolg führten.[37]

2.3.3 FIS/EIS

Durch die Konzeption von FIS wurde der Gedanke der MIS wiederbelebt. Allerdings mit dem wesentlichen Unterschied, daß nun nicht die Automatisierung, sondern die Entscheidungsunterstützung im Zentrum des Interesses lag.

FIS hatten das oberste Management als Zielgruppe. Dazu verfügten sie über eine einfach zu bedienende Benutzerschnittstelle und boten Abfragefunktionen zu harten und weichen Informationen, sowie entscheidungsunterstützende Funktionen in Form von Modell- und Methodenbanken. FIS werden daher immer unternehmensindividuell konstruiert.[38]

Die Intention dahinter war eine ziel- und strategieorientierte Informationskultur. Informationen sollten grafisch und benutzerfreundlich bereitgestellt werden. Dabei wußte man nun jedoch, daß Technik allein ohne effiziente Managementkonzepte nicht zum Erfolg führen kann. Deshalb wurde die Umsetzung von Organisationsmodellen, PuK-Konzepten usw. in Hard- und Software vorangetrieben.[39]

---

[34] vgl. Bullinger u.a. (1995), S. 20
[35] vgl. Hoch und Schirra (1993), S. 39
[36] vgl. Zahn (1997), S. 52
[37] vgl. Bullinger u.a. (1995), S. 20
[38] vgl. Zahn (1997), S. 53
[39] vgl. Bullinger u.a. (1995), S. 20 f

Entscheidend für die Renaissance der MIS war der Trend zur Dezentralisierung und Internationalisierung. Durch die immer stärker geforderte Kundennähe, werden Entscheidungen dort getroffen, wo produziert wird, und produziert wird, wo der Kunde lebt. Folglich wurde mehr Wissen vor Ort gefordert.[40]

Basis der FIS-Konzepte war ein wesentlicher Wandel im Controlling-Verständnis. Der Controller wird nicht mehr nur als vergangenheitsorientierter Kontrolleur verstanden, sondern vielmehr als Planer und Steuerer, der Teil der strategischen Führung im Unternehmen ist. Zudem wurden Ende der 80er und Anfang der 90er Jahre viele Managementkonzepte vorgestellt, wie z.B. Lean Management, Total Quality Management oder Business Process Reengineering, die den Gedanken der Ganzheitlichkeit vorantrieben. Selbstcontrolling und Selbstmanagement sind Bestandteil einer ganzheitlich orientierten Unternehmensführung.[41]

Der wesentliche Grundgedanke eines FIS ist es, Informationen aus verschiedenen Quellen zu sammeln, zu verdichten und neue komprimierte Information für das Management zu gewinnen.[42]

Aber wiederum technische Unzulänglichkeiten und vor allem die Kultur des Informationsmonopols standen der weiteren Entwicklung im Wege. Trotz der Verbreitung des Controlling-Gedankens in den Unternehmen war vor allem die noch immer nicht vorhandene Akzeptanz beim Topmanagement schuld daran, daß FIS sich nicht durchsetzten.[43]

2.3.4 Data Warehouse und FIS

Mit dem Begriff des Data Warehouse erfährt die FIS-Forschung nun jedoch wieder neuen Schub. Die Idee von „Everybody's Informationsystem" (EIS)[44] wird vor dem Hintergrund einer unternehmenszentralen Datenbank, die allen zugänglich ist, neu genährt. Zudem bilden endbenutzerfreundliche Oberflächen, Client/Server-Strukturen und die Technik relationaler Datenbanken bessere technische Voraussetzungen für die erfolgreiche Einführung der aus Benutzersicht äußerst sensiblen FIS.[45]

---

[40] vgl. Hannig und Schwab (1996), S.2 f
[41] vgl. Bullinger u.a. (1995), S. 21
[42] vgl. Tiemeyer (1996a), S. 43 f
[43] vgl. Hannig (1996), S. 22
[44] Bullinger u.a. (1995), S. 22
[45] vgl. Schinzer (1996), S. 468 f

Das Data Warehouse soll als der Lieferant für entscheidungsrelevante Informationen verstanden sein und scheint technisch realisierbar, wofür u.a. folgende Aspekte sprechen:[46]

❶ Das OLAP-Konzept von O.J. Codd

❷ Einstieg der Datenbankanbieter in den Nischenmarkt FIS

❸ Niedrigere Kosten aufgrund besserer EDV-Durchdringung in den Unternehmen

❹ Profunderes Erfahrungswissen bei allen Marktteilnehmern

Mit Hilfe eines Data Warehouses ist es nun möglich, das zugrundeliegende Datenmaterial von Fehlern zu bereinigen und zu konsolidieren, denn fehlerhafte, unvollständige und inkonsistente Datenbestände waren der endgültigen Durchsetzung von MIS/FIS immer im Wege.[47]

Ein Data Warehouse stellt dem Management strukturierte Informationen zur Verfügung, „wohlgeordnet wie Waren in einem Hochregallager, statt durcheinander wie auf einem Wühltisch".[48]

Die für die Entscheidungsträger relevante Information ist eben nicht ohne weiteres verfügbar, sondern muß erst aus den Rohdaten zusammengestellt und gereinigt werden. Zudem ist das Data Warehouse strikt von den operativen Systemen getrennt, um nicht durch Analysen das Tagesgeschäft zu behindern. Schließlich bietet das Data Warehouse mit OLAP die Möglichkeit, flexible Datenanalysen, die für die Entscheidungsunterstützung von Bedeutung sind, zu erstellen. Zudem ist es mit Data Mining möglich, unbekannte Zusammenhänge und Muster in der Datensammlung zu entdecken und Entwicklungen vorherzusagen.[49]

---

[46] vgl. Bullinger u.a. (1995), S. 22
[47] vgl. Hannig (1996), S. 22
[48] o.V. (1996d), S. 4
[49] vgl. Hannig (1996), S. 23

3. Das Data Warehouse als geeignete Grundlage für Data Mining

3.1 Definition

Die ursprüngliche Definition eines Data Warehouse stammt von W.H. Inmon aus dem Jahre 1992, der auch als Vater des Data-Warehouse-Konzeptes gilt. Er bezeichnet das Data Warehouse als eine *themenorientierte, integrierte, zeitbezogene und dauerhafte Sammlung von Informationen* zur Entscheidungsunterstützung des Managements.[50] Es handelt sich also um eine Art Datenpool, der die relevanten Daten umgeformt und aufbereitet zur Verfügung stellt.[51]

Themenorientierung

Im Gegensatz zu operativen Informationssystemen, die funktional ausgerichtet sind (z.B. Vertrieb, Materialwirtschaft, Finanzbuchhaltung), ist ein Data Warehouse themenorientiert aufgebaut, d.h. es stehen die wichtigsten Subjekte des Unternehmens (z.B. Kunden, Produkte, Lieferanten) im Mittelpunkt.[52]

Operative Daten werden von Anwendungen weiterverarbeitet, dispositive Daten holt sich der Manager, um seine Entscheidungen besser zu fundieren.[53]

Durch diese themenorientierte und aufgabenbezogene Datenzusammenführung wird zudem die Gefahr eines Information-Overload stark verringert, denn das Data Warehouse sorgt mit Hilfsprogrammen dafür, daß die Daten bei Übernahme gereinigt und umgeformt werden. Dadurch wird für Kompatibilität und Konsistenz in der Datensammlung gesorgt.[54]

Integration

Alle verfügbaren verteilten Informationen im Unternehmen werden in einen homogenen Datenbestand integriert. Dabei steht die logische Integration im Vordergrund, denn es werden häufig redundante Daten gespeichert, so daß die physikalische Zentralisierung der Daten allein nicht ausreichen würde. Beispielsweise taucht der gleiche Sachverhalt in verschiedenen Anwendungen unter anderem Namen auf oder gleiche Feldinhalte wurden in verschiedenen Formaten abgelegt.[55]

---

[50] vgl. Inmon (1992), S. 25
[51] vgl. Hannig (1996), S. 23
[52] vgl. Schinzer (1996), S. 468
[53] vgl. o.V. (1996d), S. 5
[54] vgl. Hannig (1996), S. 23
[55] vgl. Schinzer (1996), S. 468

Aufgabe des Data Warehouse ist es somit, Daten aus verschiedensten Quellen, intern und extern, heranzuziehen und für die Bedürfnisse der Auswertung neu zu formalisieren.[56]

Zeitbezogenheit

Darunter versteht man die zeitliche Varianz der Daten. Eine Anfrage an ein Data Warehouse erfordert immer eine zeitliche Fokussierung, während bei operativen Informationssystemen jeweils nur der aktuelle Wert abgefragt werden kann. Somit ist der Zeitbezug ein wichtiger Feldinhalt im Datenbestand eines Data Warehouse.[57]

Um Entwicklungen in der Geschäftstätigkeit zu dokumentieren, benötigen dispositive Anwendungen Daten aus der Vergangenheit.[58]

Mit Hilfe dieser Zeitbasierung können dann Prognosen erstellt werden. Dies war bei MIS, die direkt auf operative Systeme zugriffen, nicht möglich, da neben den Ist- und Plandaten höchstens die Vorjahreswerte gespeichert wurden.[59]

Dauerhaftigkeit

Daten im Data Warehouse können nur gelesen und gespeichert, jedoch nicht nachträglich geändert werden. Dadurch wird die Konsistenz des Datenbestands sichergestellt.[60] Operative Daten hingegen werden laufend durch neue Werte überschrieben. Ziel des Data Warehouses ist es, alle relevanten Daten zu sammeln und für dispositive Zwecke auszuwerten.[61]

Charakteristika	Operative Datenbanken	Informative Datenbanken
Transaktionsvolumen	hohes Volumen	niedriges bis mittleres Volumen
Antwortzeit	sehr schnell	normal
Update	hohe Frequenz, permanent	niedrige Frequenz
Betrachtungsperiode	aktuelle Periode	Vergangenheit bis Zukunft
Umfang	anwendungsintern	anwendungsübergreifend
Aktivitäten	operativ, detailliert	analytisch, taktisch
Abfragen	vorhersehbar, periodisch	unvorhersehbar, ad hoc
Niveau der Daten	detailliert	aggregiert, aufbereitet
Verarbeitungseinheit	Datensatz (record), eindimensional	Matrizen (array), multidimensional, sachbezogen

Abb. 6: Charakteristika von operativen und informativen Datenbanken
(Quelle: Scheer (1996), S. 75)

---

[56] vgl. o.V. (1996d), S. 5
[57] vgl. Schinzer (1996), S. 468 f
[58] vgl. o.V. (1996d), S. 5
[59] vgl. Hannig (1996), S. 23
[60] vgl. Schinzer (1996), S. 469
[61] vgl. o.V. (1996d), S. 5

Diese ursprüngliche, enge Definition eines Data Warehouse von Inmon wurde in der Folgezeit um die Charakteristika Extraktion, Modellierung und Verwaltung, Analyse und Präsentation erweitert.[62]

Die nächste Abbildung zeigt die Definition eines Data Warehouse noch einmal in der Zusammenfassung:

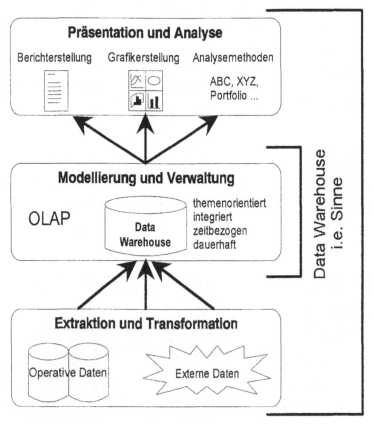

Abb. 7: Aufbau eines Data Warehouse im weiteren Sinne
(Quelle: Schinzer (1996), S. 469)

---

[62] vgl. Schinzer (1996), S. 470

3.2 Datenkonfigurationen im Data Warehouse

Um in den riesigen Datenmengen nicht den Überblick zu verlieren, müssen verschiedene Granularitätsebenen und Verdichtungen eingeführt werden.

Ein Manager benötigt nicht alle Detaildaten, er verlangt verdichtete Informationen mit der Möglichkeit zum sog. Drill-down. Er kann sich damit, falls nötig, bis zu den Detaildaten durchbohren.[63]

In einem Data Warehouse sind folgende Datenebenen zu unterscheiden:

Aktuelle operative Daten (Real Time Data, Detailed Data)

Diese Daten entsprechen ihrer Struktur nach den operativen Daten, von denen sie ganz oder teilweise übernommen wurden.[64]

Es sind einzel detaillierte Datensätze, die bei jeder Aktualisierung überschrieben werden. Diese Daten sind meist an verschiedenen Orten redundant vorhanden. Manchmal sind sie sogar inkonsistent in Form und Inhalt und müssen daher modelliert und integriert werden, bevor informative Anwendungen sie einsetzen können.[65]

Zusammengeführte Daten (Reconciled Data, Integrated Data)

Hier handelt es sich um bereinigte Real Time Daten, bei denen Inkonsistenzen und Redundanzen eliminiert wurden.[66]

Es sind Einzelsätze aus operativen Daten, die bereinigt, angepaßt und erweitert wurden. Da mehrere Datensätze zusammengefaßt sind, ist eine schnelle Mengenverarbeitung möglich.

Die Daten sollten jedoch in einer einzigen Datenbanktechnologie zusammengefaßt werden, damit einheitliche Formate gewahrt bleiben und informative Anwendungen einfach und ohne weitere Transformation mit den Daten arbeiten können.[67]

„Without integrated data, the miner would spend inordinate amounts of time cleansing and conditioning the data before the process of data mining could commence in an effective manner."[68]

---

[63] vgl. Diercks (1996a), S. 126
[64] vgl. Boehrer (1996), S. 14
[65] vgl. Driesen (1996), S. 37
[66] vgl. Boehrer (1996), S. 14
[67] vgl. Driesen (1996), S. 37
[68] Inmon (1996), S. 49 f

Abgeleitete Daten (Derived Data, Summarized Data)

Summierte oder aggregierte Daten von verschiedenen Quellen.[69]

Neben den aktuellen und zusammengeführten Daten benötigen Anwender zum Beispiel monatliche Werte und nicht nur Tagewerte. Benutzer interessieren sich selten für Einzelsätze, sie brauchen zusammmengefaßte Datensätze. Zusamengefaßte Datensätze sind abgeleitete Daten, die in einer separaten Datenbank gespeichert sein sollten.[70]

Der wesentliche Vorteil hierbei ist, daß man auf geleistete Vorarbeit aufbauen kann. Sind bestimmte Analysen oder Berichte schon einmal erstellt worden, kann der *Miner* darauf verzichten, diese Arbeit noch einmal zu verrichten, wenn diese Daten separat abgelegt wurden.[71]

„This capability, afforded through easy availability of summarized data, saves huge amounts of unnecessary work for the miner."[72]

Änderungsdaten (Changed Data, Historical Data)

Aktualisierungen generieren Änderungsdaten, die protokolliert und, mit einem sog. Timestamp versehen, schließlich archiviert werden. Alle Änderungen müssen für Analysen vorhanden sein. Dies bringt natürlich neue Herausforderungen für das Datenmanagement mit sich.[73]

Diese Daten reflektieren die gesamte Datenhistorie, sofern alle Änderungen, die die operationellen Daten erfahren haben, aufgenommen sind.[74]

Sie sind unentbehrlich für die Erstellung von Trends und langfristigen Verhaltensmustern. Diese historischen Informationen sind Voraussetzung dafür, daß man sowohl saisonale Schwankungen, als auch langfristige Geschäftsentwicklungen nachvollziehen kann.[75]

---

[69] vgl. Boehrer (1996), S. 14
[70] vgl. Driesen (1996), S. 37 f
[71] vgl. Inmon (1996), S. 50
[72] Inmon (1996), S. 50
[73] vgl. Driesen (1996), S. 38
[74] vgl. Boehrer (1996), S. 14 f
[75] vgl. Inmon (1996), S. 50

Metadaten (Metadata)

Metadaten sind Daten über Daten, d.h. Informationen über Datenelemente oder Daten-typen, z.B. Dateien oder Berichte. Sie enthalten Wissen über Inhalt, Zugriff und Aktuali-tät der Daten.

Metadaten sind der *zentrale Punkt eines Data Warehouses*. Sie sind meist in Datenlexika, Datenkatalogen und Programmen zu finden und sollten dem Endbenutzer jederzeit zur Verfügung stehen.[76]

„Metadata serves as a road map to the miner, who uses metadata to describe not the content but the context of information."[77] Für den Endbenutzer ist es also wesentlich einfacher mit Daten zu arbeiten, deren Inhalt *und* Bedeutung bzw. Kontext er kennt.[78]

Metadaten sind für strategische Informationen besonders wertvoll. Sie geben Auskunft über Fragen, wie z.B.:[79] [80]

❐ Welche Daten gibt es ?

❐ Wo sind die Daten zu finden ?

❐ Wann wurden sie zum letzten Mal aktualisiert ?

❐ Wer ist für die Daten verantwortlich ?

❐ Wurde der von mir benötigte Bericht schon erstellt ?

❐ Um welches Datenformat handelt es sich ?

❐ In welcher Beziehung stehen die Daten zu anderen Daten in anderen Datenbanken ?

---

[76] vgl. Driesen (1996), S. 38
[77] Inmon (1996), S. 50
[78] vgl. ebenda, S. 50
[79] vgl. Boehrer (1996), S. 15
[80] vgl. Adriaans und Zantinge (1996), S. 27 f

Zusammenfassend läßt sich also festhalten, daß in einem Data Warehouse von aktuellen Detaildaten bis hin zu komprimierten Verdichtungen alles vorhanden ist:[81]

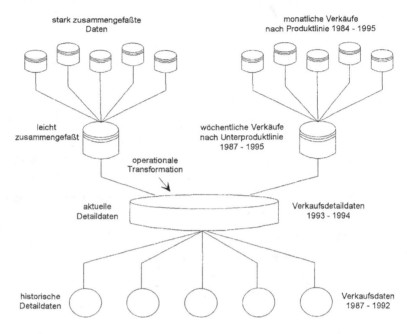

Abb. 8: Unterschiedliche Verdichtungsebenen
(Quelle: Diercks (1996a), S. 125)

Zur Verwaltung dieser komplexen Datenumgebung ist eine Architektur nötig, die es ermöglicht, direkt auf sämtliche Datenarten zuzugreifen und eigene informative Anwendungen entwickeln zu können. Durch ein Data Warehouse wird die Grundlage für die Implementierung einer solchen Architektur geschaffen.[82]

Zum einen ist es mit einem Data Warehouse möglich, die vielen Daten, die verstreut im Unternehmen vorhanden sind, zentral für diverse Verwendungen zur Verfügung zu stellen. Zum anderen entstehen durch die gezielte Verdichtung der Daten neue, komprimierte Informationen, die wettbewerbsrelevant sind.[83]

---

[81] vgl. Diercks (1996a), S. 125
[82] vgl. Driesen (1996), S. 38
[83] vgl. Tiemeyer (1996a), S. 46

3.3 Konzeption eines Data Warehouse

Das Konzept eines Data Warehouse wurde zum ersten Mal 1988 von IBM im Rahmen der EBIS-Architektur vorgestellt. Es war zwischenzeitlich in Vergessenheit geraten und gewinnt in Verbindung mit Data Mining nun wieder an Bedeutung.[84]

Die Grundvision eines Data Warehouse ist der zentrale Zugang zu den heterogenen, verteilten Informationspotentialen eines Unternehmens. Es soll Daten aus den operativen Systemen und externe Daten, wie z.B. aus der Marktforschung, in einer Datenbank miteinander verbinden.[85]

Das hochgesteckte Ziel ist es, „sämtliche relevanten Informationen den Entscheidungsträgern zweckgerecht und mehrdimensional zur Verfügung zu stellen."[86]

Das Data Warehouse ist sozusagen eine Art Lagerhaus für Daten, in dem der Benutzer Informationen finden und aufbereiten kann, man spricht deshalb auch von entscheidungsunterstützenden Datenbanken.[87]

Wie kann dies realisiert werden ? Es wäre falsch, den Zugriff zu allen Datenbanken von allen Stellen aus im Unternehmen zu fordern. Dagegen sprechen u.a. folgende Gründe:[88]

❶ Zu große Komplexität.

❷ Die Kapazität der Netzwerke wäre überbelastet.

❸ Die Antwortzeiten wären zu hoch.

Das realisierbare Ziel muß deswegen eine Art „Informationspool als logisches Datenzentrum im Unternehmen"[89] sein. Der Anwender greift über eine einzige logische Sicht auf Informationen aus den operativen Systemen und auf Hintergrundinformationen zu.[90]

Das Data Warehouse muß die Integrität und Konsistenz des Datenmaterials sicherstellen. Dies ist nur möglich, wenn nicht direkt auf die operativen Daten zugegriffen wird. Die operativen Systeme, die für OLTP-Anwendungen konzipiert sind, müssen für das Tagesgeschäft reserviert sein, zudem würden sie der Belastung von ad-hoc Abfragen nicht standhalten.[91]

---

[84] vgl. Hagedorn (1996), S. 8
[85] vgl. Bissantz u.a. (1996), S. 349 f
[86] Schinzer (1996), S. 468
[87] vgl. Rother (1995), S. 3
[88] vgl. Behme (1996), S. 14
[89] ebenda, S. 14
[90] vgl. Schallenmüller (1996), S. 38
[91] vgl. Behme (1996), S. 15 f

Deshalb ist das Data Warehouse strikt von den operativen Systemen getrennt[92] und enthält, wie schon erläutert, Daten in verschiedenen Aggregationsstufen.

Es soll nicht die konventionelle operative Datenverarbeitung ersetzen, sondern schafft eine neue technische und organisatorische Infrastruktur.[93]

Mit dem Data Warehouse wird praktisch eine Zweiteilung der Datenorganisation eines Unternehmens vollzogen: Datenbanken für operative Daten (z.B. Produktion) bleiben erhalten, zusätzlich existiert eine Datenbank für dispositive Daten (Data Warehouse).[94]

Der Vorteil einer dispositiven Datenbank ist die einfache Nutzung der gespeicherten Information ohne vorausgesetzte Kenntnisse der Datenstrukturen.[95]

Nun stellt sich aber die Frage, warum eine zusätzliche Datenbasis eingeführt werden soll, wo doch immer eine redundanzfreie Datenhaltung gefordert wird?

Dafür sprechen jedoch folgende Vorteile:

❶ Die DV-Systeme werden entlastet.

❷ Größerer Spielraum für den Endbenutzer, da er Daten modifizieren, aufbereiten und zwischenlagern kann.

❸ Der Informationsfluß zwischen den Benutzern des Data Warehouse kann effizienter gesteuert und kontrolliert werden.

Die Komponenten des Data Warehouse sind neben der zentralen *Datenbasis* verschiedene *Transformationsprogramme*, das *Metadatenbanksystem* und das *Archivierungssystem*.[96]

---

[92] vgl. Hannig und Schwab (1996), S. 4

[93] vgl. Diercks (1996a), S. 125

[94] vgl. Tiemeyer (1996a), S. 46

[95] vgl. ebenda, S. 46

[96] vgl. Behme (1996), S. 16

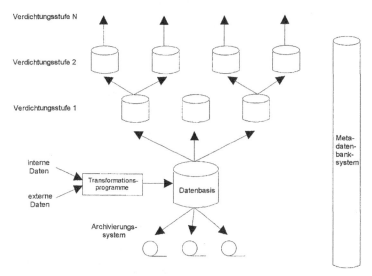

Abb. 9: Komponenten eines Data Warehouses
(Quelle: Behme (1996), S. 16, entnommen aus: Holthuis u.a. (1995), S. 10)

Transformationsprogramme

Sie übernehmen die Aufnahme der internen und externen Daten ins Data Warehouse. Die internen Daten werden aus den operativen Systemen, die externen Daten werden z.B. von Wirtschaftsverbänden, Universitätsfakultäten oder Marktforschungsinstituten übernommen. Dabei sorgen die Extraktionswerkzeuge dafür, daß die Daten bereinigt, umgeformt und in einheitlichem Format in die Datenbank eingespeist werden.[97]

In Amerika wird dieser Vorgang auch *Scrubbing* genannt, d.h. die Daten werden zuerst geschrubbt und gereinigt, bevor sie abgelegt werden.[98]

Regelmäßige Aktualisierungen sind für das Funktionieren eines Data Warehouse unerläßlich. Altdaten werden einmalig bei der Einrichtung eines Data Warehouse übernommen. Operative Daten werden im Extremfall täglich aktualisiert. Dieser Transfer erfolgt meist nachts, damit die operativen Systeme nicht belastet werden.[99]

---

[97] vgl. o.V. (1996a), S. 24
[98] vgl. Rother (1995), S. 3
[99] vgl. Behme (1996), S. 16 f

Metadatenbanksystem

Um die Grundidee des Data Warehouse realisieren zu können, ist diese Komponente das Kernstück. Der Benutzer soll mit den vorhandenen Tools selbständig auf Informationen zugreifen und diese analysieren können. Dazu muß er wissen, welche Informationen wo zu finden sind. Er braucht also diesen großen Informationskatalog, in dem er die Metadaten findet.[100]

Darin sind alle Verdichtungsstufen erklärt (z.B. Monats- auf Jahresdaten) und mit dem Zeitpunkt der Verdichtung abgelegt. Darüberhinaus enthält der Katalog ein Verzeichnis über alle archivierten Datenbestände.[101]

Archivierungssystem

Das Archivierungssystem dient zur Wiederherstellung der Daten im Falle eines Programm- oder Systemfehlers. Es sollte zumindest die Daten der untersten Verdichtungsstufe enthalten. Vor allem optische Speichermedien eignen sich hierfür, da sie große Kapazitäten und schnellen Zugriff anbieten.[102]

Technische Realisierung

Welches ist die optimale technische Infrastruktur angesichts der Tatsache, daß der Datenbestand alle 2-3 Jahre um den Faktor 5 und mehr steigt?[103]

Dies betrifft zum einen die Rechnerarchitektur, zum anderen die zugrundeliegenden Datenbanklösungen.[104]

Was die Rechnerlösung angeht, so bildet die Plattform für ein Data Warehouse meistens ein relationaler Datenbankserver.[105] Der klassische Mainframe hat an Bedeutung verloren, da die Client/Server-Technik immer leistungsfähiger geworden ist.

Das Data Warehouse in Client/Server-Umgebung ist gemäß einem Drei-Ebenen-Konzept aufgebaut: Dem Datenserver (für die operativen Daten), dem Data Warehouse (für die dispositiven Daten) und den Clients (für die reinen Endbenutzer-Daten).[106]

---

[100] vgl. Behme (1996), S. 17
[101] vgl. ebenda, S. 18
[102] vgl. ebenda, S. 18
[103] vgl. ebenda, S. 20
[104] vgl. Tiemeyer (1996b), S. 54
[105] vgl. Fröhlich (1996), S. 38
[106] vgl. Tiemeyer (1996b), S. 55

Entscheidend für die Performance eines Data Warehouse sind vor allem die Tools für die Datenanalyse und die Datenbankmanagementsysteme. Hier geht der Trend zu Standard-DBMS, die flexibler und auf verschiedenen Plattformen einsetzbar sind.[107]

Das Konzept des Data Warehouse im Überblick: Data Warehousing

Data Warehousing kann als ein dreistufiger Prozeß angesehen werden:[108]

Phase 1: Datenzugriff und Füllen das Data Warehouse

Interne und externe Daten werden übernommen, transformiert und in der zentralen Datenbasis einheitlich abgespeichert.

Eine wesentliche Komponente ist hier die Datenhygiene, d.h. die verbesserte Qualität des Datenmaterials. Das Ergebnis dieser Phase ist letztlich das Data Warehouse, ein Informationspool als Basis für die Entscheidungsunterstützung.[109]

Phase 2: Auswertung des Data Warehouse

Auswertung mit den sog. DSS-Systemen. Dazu gehören u.a. OLAP-Werkzeuge, die eine mehrdimensionale Datenanalyse ermöglichen und das Data Mining, das Beziehungen und Verhaltensmuster in Datenmengen erkennt.[110]

DSS-Analysen werden iterativ durchgeführt. Es werden Hypothesen gebildet, deren zugrundeliegenden Zusammenhänge durch Data Mining erkannt wurden. Diese Hypothesen werden dann u.a. durch OLAP-Tools verifiziert.[111]

Phase 3: Publikation der Ergebnisse

Verteilung und Verbreitung der gefundenen Ergebnisse z.B. per E-Mail und schließlich Umsetzung dieser Ergebnisse in den verschiedenen Unternehmensbereichen.[112]

---

[107] vgl. Behme (1996), S. 20
[108] vgl. Vakily (1996), S. 10
[109] vgl. Martin (1996), S. 38 f
[110] vgl. Vakily (1996), S. 10
[111] vgl. Martin (1996), S. 41
[112] vgl. Vakily (1996), S. 10

Die folgende Abbildung zeigt noch einmal das Konzept eines Data Warehouse im Überblick:

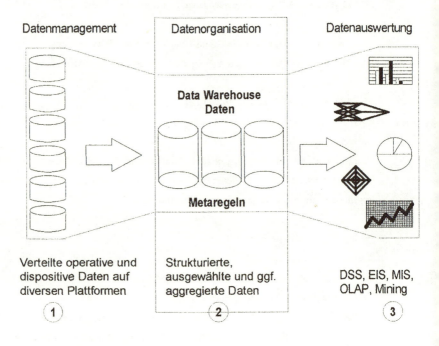

Abb. 10: Das Prinzip des Data Warehouse
(Quelle: Bahr (1997), S. 18)

3.4 Aufbau eines Data Warehouse

Der Aufbau eines Data Warehouse ist ein evolutionärer Prozeß, man kann es nicht kaufen, man muß es bauen. Es existiert also kein Standard, ein Data Warehouse ist individuell und richtet sich nach der Unternehmensstruktur und den Benutzeranforderungen.[113]

Bei der Einführung eines Data Warehouse handelt es sich also um ein komplexes Projekt, das man nicht vollständig im Vorfeld planen kann.[114]

Deshalb hat sich der Ansatz des *Rapid Warehousing* durchgesetzt, d.h. das Data Warehouse wird Schritt für Schritt im Unternehmen implementiert.[115]

Es ist ratsam, einen kleineren Prototyp für eine weniger komplexe Problemstellung in einem kleinen Unternehmensbereich zu entwickeln, um Akzeptanz im Unternehmen zu erreichen. Gemäß dem Prinzip *'think big, start small'* muß diese kleine Lösung dann ständig weiterentwickelt und vergrößert werden. Ein Data Warehouse ist niemals fertig. Man beginnt mit einem kleinen Datenbestand, so kann man schnell den Erfolg des Projekts sehen. Danach erweitert man den Datenbestand mit Daten anderer Abteilungen. Nach und nach lagern immer mehr Daten im Warehouse, bis schließlich alle Unternehmensdaten aufgenommen sind.[116]

Geeignet für das Pilotprojekt ist eine Abteilung, die Erfahrung hat im Umgang mit EDV-orientierter Entscheidungsunterstützung, in der Regel sind dies Marketing, Vertrieb oder Controlling.[117]

Data Marts sind der erste Schritt zum vollständigen Data Warehouse. Es ist sozusagen ein Regal im gesamten Lagerhaus. Ein Data Mart enthält bereichsspezifische Daten, alle Data Marts bilden schließlich den unternehmensweiten Datenbestand. Ein einzelnes Data Mart ist auf den Bedarf eines Unternehmensbereichs zugeschnitten, z.B. die Abteilung Firmenkunden bei einer Bank. Diese Beschränkung ist deshalb sinnvoll, weil dadurch überschaubare Anforderungen an die Data Marts definiert werden können. Zudem ist die Gruppe der Anwender homogen und der Nutzen kann einfacher bestimmt werden.[118]

---

[113] vgl. Hannig und Schwab (1996), S. 6
[114] vgl. Behme (1996), S. 21
[115] vgl. Hannig und Schwab (1996), S. 6
[116] vgl. ebenda, S. 8
[117] vgl. Vakily (1996), S. 7
[118] vgl. Hansen (1996), S. 26

Der Aufbau des Data Warehouse geht somit von einer Abteilung und deren Data Mart aus, ist somit ein Bottom-up-Prozeß. Auch ein Top-down-Ansatz wäre denkbar, er ist aber aufgrund der Komplexität und der Planungsprobleme nicht sinnvoll. Beim Bottom-up-Ansatz jedoch existiert das Integrationsrisiko der einzelnen Data Marts auf dem Weg zum Data Warehouse. Dies ist aber im Vergleich dazu weniger problematisch, zudem werden beim Aufbau eines jeden Data Marts sukzessive wertvolle Erfahrungen gesammelt, die der Data Warehouse-Lösung zugute kommen.[119]

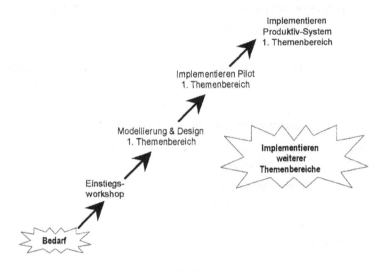

Abb. 11: Einführungsstrategie
(Quelle: Hansen (1996), S. 25)

Selbstverständlich ist die pure Technik allein nicht der Garant für den Erfolg eines EDV-Projekts. Dafür müssen alle Mitarbeiter miteinbezogen und deren Akzeptanz sichergestellt werden.[120]

Für die Einführung eines Data Warehouse ist es deshalb unerläßlich, daß das Projekt vom Unternehmen getragen und finanziert wird. Es muß im oberen Management etabliert werden, schließlich wird damit ja auch mehr Umsatz pro Kunde angestrebt.

Es muß sozusagen als Unternehmensaufgabe verstanden werden. Investitionen in die Informatik-Infrastruktur und Technologie werden dann durch die Informatik-Abteilung getragen.[121]

---

[119] vgl. Hansen (1996), S. 27
[120] vgl. Diercks (1996a), S. 124

3.5 Bedeutung und Nutzen eines Data Warehouse

„The data warehouse sets the stage for effective data mining. Data mining can be done where there is no data warehouse, but the data warehouse greatly improves the chances of success in data mining."[122]

Es kann somit gesagt werden, daß das Data Warehouse hinsichtlich Datensammlung, Datenintegration und Datenkonsolidierung wertvolle Vorarbeit für die Datenanalyse schafft, für die Auswertung der Daten selbst allerdings nicht geeignet ist. Es bildet jedoch eine gute Basis für Verfahren der automatischen Analyse, zu denen auch Data Mining gehört.[123]

Die von einem Data Warehouse geschaffenen Voraussetzungen sind geradezu ideal für die Anwendung von Data-Mining-Methoden. Die relevanten Daten sind vom Data Warehouse extrahiert worden und an einer Stelle zentral abgelegt. Sie bieten damit eine „günstige Basis für das automatische Auffinden von interessanten und außergewöhnlichen Zusammenhängen".[124]

Aber erst in Verbindung mit OLAP gewährleistet das Data Warehouse die nötige Flexibilität für die Datenanalyse, so daß den Managern das schon lang gewünschte Entscheidungsunterstützungssystem zur Verfügung steht. Nun kann sich der Benutzer der Aufgabe widmen, die schlummernden Schätze in den Datenbeständen zu heben.[125]

W.R. Hansen nennt vier wichtige Aspekte des Anwendernutzens:[126]

❶ Datensichten in beliebigen Dimensionen.

❷ Datenstrukturen, die ad-hoc Abfragen erlauben.

❸ Datenredundanz, die Konflikte mit operativen Systemen verhindert.

❹ Konsolidierung und Verdichtung von Daten aus heterogenen Quellen.

„The data warehouse is integrated so the miner can concentrate on mining data rather than cleansing and integrating data."[127]

---

[121] vgl. Martin (1996), S. 42
[122] Inmon (1996), S. 49
[123] vgl. Hagedorn (1996), S. 10
[124] Bissantz u.a. (1996), S. 352
[125] vgl. Hannig und Schwab (1996), S. 5
[126] vgl. Hansen (1995), S. 47
[127] Inmon (1996), S. 50

Einen weiteren Nutzen des Data Warehouse für den späteren Einsatz von Data Mining bringt die DV-technische Infrastruktur mit sich, denn Data-Mining-Algorithmen sind sehr rechenintensiv. Der Aufbau eines Data Warehouse ist aufgrund des Datenvolumens in der Regel mit der Anschaffung leistungsfähiger Hardware verbunden. Das Data-Mining-System hat dann die Möglichkeit die Rechnerleistung für sich in Anspruch zu nehmen.[128]

3.6 Tools im Data Warehouse

„Neben der Integration der Daten aus den bestehenden Systemen umschließt der Begriff des Data Warehouse eine Vielzahl von Werkzeugen, die die tägliche Arbeit unterstützen sollen."[129]

Die wichtigsten Tools in einem Data Warehouse sind:[130]

❑ Gateways und Middleware zur Datenextraktion aus anderen Datenbasen

❑ Tools zur Datenumwandlung und Datenreinigung

❑ Informationsdatenbanken (Data Engines)

❑ Tools für den Aufbau von Metadaten

❑ Tools zur Abfrage und mehrdimensionalen Datenanalyse (OLAP)

❑ Tools zur Datenanalyse und Datenmustererkennung (Data Mining)

Im Rahmen dieser Arbeit wird neben Data Mining auch kurz auf OLAP eingegangen, um dessen Möglichkeiten aufzuzeigen und um es klar von der Datenmustererkennung abzugrenzen.

OLAP - On-Line Analytical Processing

Der Begriff OLAP wurde 1993 von O.J. Codd kreiert und steht für On-Line Analytical Processing. Er grenzt OLAP strikt von OLTP ab, das typisch ist für die On-Line Datenverarbeitung im Bereich der operativen Systeme.[131]

OLAP ist ein Set von Softwarewerkzeugen, die für die Erstellung von Applikationen zur Entscheidungsfindung dienen, indem sie komplexe und mehrdimensionale Datenanalysen ermöglichen.[132]

---

[128] vgl. Bissantz u.a. (1996), S. 352 f
[129] Flade-Ruf (1996), S. 28
[130] vgl. Rother (1995), S. 7
[131] vgl. Jahnke u.a. (1996), S. 321
[132] vgl. Hannig und Schwab (1996), S. 5

Im wesentlichen gibt es zwei Hauptrichtungen von OLAP, die ROLAP und MOLAP bezeichnet werden. Im ROLAP sind relationale Datenbanken die Basis, MOLAP basiert auf mehrdimensionalen Datenbanktechnologien. Sie sind für eine mehrdimensionale Modellierung eines fachlichen Problems geeignet.[133]

In der Regel werden OLAP-Server mit den Daten aus dem Data Warehouse versorgt.[134]

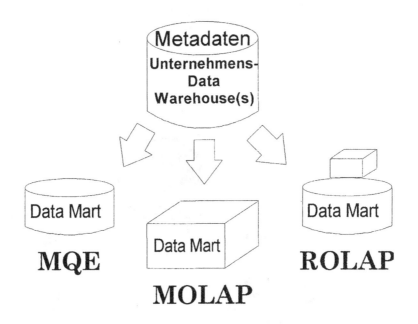

Abb. 12: Data Warehouse-Architektur
(Quelle: Martin (1996), S. 40)

Wie man eine Problemstellung mehrdimensional darstellen kann, wird an dem folgenden Beispiel deutlich:

Kennzahlen sind für die Unternehmensführung von großer Bedeutung. Sie lassen sich anhand von Dimensionen beschreiben und werden dadurch für den Benutzer auswertbar gemacht. Die Anzahl der Dimensionen variiert von Fall zu Fall.[135]

---

[133] vgl. Martin (1996), S. 39 f
[134] vgl. Gilmozzi (1996), S. 161
[135] vgl. Jahnke u.a. (1996), S. 322

Was sind Dimensionen? Sie sind praktisch die Umsetzung der realen Welt auf die Daten-modellierung. Die Kennzahl Umsatz wird durch viele Bezugsgrößen determiniert, wie z.B. Produkt, Verkaufsgebiet oder Zeitraum. Es wären noch weitere Bezugsgrößen find-bar, aber diese drei Dimensionen sollen genügen.[136]

Jetzt kann ein Informationskomplex[137] - auch Tabellen oder Würfel genannt - modelliert werden, bei dem jede Achse eine der drei Dimensionen repräsentiert:

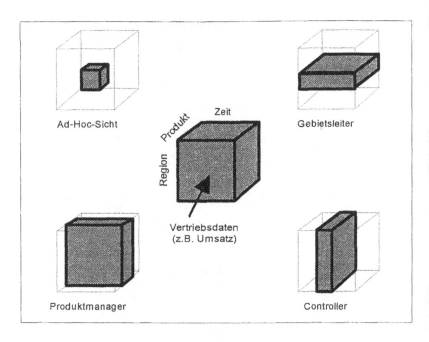

Abb. 13: Beispiel für ein mehrdimensionales Datenmodell
(Quelle: Bauer und Winterkamp (1996), S. 47)

Auf der Basis dieses Datenmodells sind nun interessante Auswertungen möglich. Mit Hilfe der schon erwähnten *Drill-down-Technik* kann dann z.B. der Gesamtumsatz aufgeschlüsselt werden und man kann die einzelnen Komponenten, aus denen sich der Gesamtumsatz zusammensetzt, erkennen.[138]

---

[136] vgl. Bauer und Winterkamp (1996), S. 46 f
[137] vgl. Jahnke u.a. (1996), S. 322
[138] vgl. Bauer und Winterkamp (1996), S. 46 f

Mit der *Slice-and-Dice-Technik* können Scheiben und kleinere Würfel aus dem Gesamtwürfel herausgeschnitten und damit bestimmte Dimensionen isoliert betrachtet werden:[139]

Dem Anwender bleibt es überlassen, welche Dimensionen er wo anordnet. Diese freie Auswahl und Anordnung der Dimensionen wird als ad hoc-Reporting bezeichnet. Je nach Sicht, die vom Anwender gewählt wird, entstehen verschiedene Ergebnisse, die auf verschiedene Fragestellungen zugeschnitten sind.[140]

OLAP-Tools werden also eingesetzt im Bereich der Datenanalyse und zur Beherrschung großer Datenmengen. Durch schnelle Zugriffszeiten ermöglicht OLAP den Benutzern, „sukzessive und assoziativ durch den Datenbestand zu navigieren".[141]

Der generische Datenbestand erlaubt es ihm, flexible Analysen und ad-hoc Abfragen durchzuführen. Zudem hat er einen einfacheren Zugang zu multidimensionalen Informationen, denn er muß keine komplizierten Abfragesprachen, wie z.B. SQL, beherrschen, sondern kann meist Endbenutzerwerkzeuge benutzen, wie z.B. MS Excel.

Allerdings ist OLAP keine Alternative zu konventionellen Datenbanktechnologien, sondern vielmehr als sinnvolle Ergänzung zu begreifen. Darüberhinaus ist es von Vorteil, das OLAP-Konzept durch weitere aktive Konzepte zu erweitern, wie sie z.B. im Data Mining vorhanden sind.[142]

---

[139] vgl. Bauer und Winterkamp (1996), S. 46 f
[140] vgl. Gilmozzi (1996), S. 161
[141] Jahnke u.a. (1996), S. 323
[142] vgl. ebenda, S. 322 f

4. Data Mining als betriebliches Informationssystem

4.1 Begriffsdefinition und Historie

Der Begriff *Mining* kommt von dem englischen Wort *mine*, das Mine, Bergwerk oder Grube bedeutet. *Mining* steht für den Bergbau und das Fördern. Übertragen bedeutet *Data Mining* somit die Suche nach versteckter Information im Datendschungel. Dazu gehören u.a. Verhaltensmuster, Beziehungen, Trends, Prognosen. In den USA spricht man auch von *mining and grabing of golden nuggets*. Dies kann übersetzt werden mit *Auf der Suche nach verborgenen Schätzen*.[143]

Für den Begriff Data Mining existiert im englischen das Synonym *Knowledge Discovery in Databases (KDD)*. Allerdings ist dieser Begriff etwas weiter gefaßt.[144] Im deutschen Sprachraum wird Data Mining auch oft mit *Datenmustererkennung* übersetzt. Damit wird die Extraktion von verstecktem Wissen aus großen, komplex strukturierten Datenbeständen beschrieben. Wissen steht dabei für Muster, die interessant sind und mit großer Sicherheit existieren. Muster sind Beziehungen zwischen Datenelementen.[145]

Eine weit gefaßte und sehr treffende Definition von Data Mining lautet: „Die effiziente Entdeckung von bisher unbekannten, verständlichen und verwertbaren Strukturen und Zusammenhängen, welche sich in sehr großen Datenbeständen verstecken."[146]

Ähnlich wird Data Mining bei IBM definiert, die sich stark in der Forschung engagieren: „To enable decisions through efficient discovery of unknown and hidden information patterns in large databases."[147]

Die Verfahren, die der Datenmustererkennung zugerechnet werden, besitzen folgende kennzeichnende Eigenschaften:[148]

❶ Präsentation oder Weiterverarbeitung der geförderten Information.

❷ Aussagen sind mit einer bestimmten Sicherheit versehen.

❸ Die gewonnenen Informationen sind nicht trivial.

❹ Die Laufzeit eines Algorithmus ist den Anforderungen angemessen.

---

[143] vgl. Gilmozzi (1996), S. 167 f
[144] siehe auch Abschnitt 4.3
[145] vgl. Bissantz und Hagedorn (1993), S. 481
[146] Boehrer (1996), S. 18
[147] Marcotorchino (1995), S. 84
[148] vgl. Bissantz und Hagedorn (1993), S. 481

Data Mining ist also eine neue Analysetechnik, die in Form eines Software-Tools auf dem Markt angeboten wird. Das revolutionär Neue daran ist, daß Erkenntnisse aus diversen Forschungsrichtungen miteinander fusioniert werden. Dazu gehören u.a. die Statistik, die Expertensystemforschung und das maschinelle Lernen.[149]

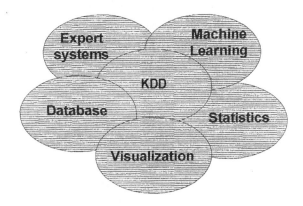

Abb. 14: Data Mining is a multi-disciplinary field
(Quelle: Adriaans und Zantinge (1996), S. 6)

In letzter Zeit ist der Begriff des Data Mining allerdings verwässert worden, da manche Methoden, die mit Data Mining von der Grundidee her nichts mehr zu tun haben, als Data-Mining-Tools angeboten wurden. Von Data Mining darf allerdings nur gesprochen werden, wenn die Methode selbständig Annahmen generiert, prüft und die relevanten Muster dem Benutzer präsentiert.

Ein Beispiel kann das verdeutlichen:[150]

Echtes Data Mining, z.B. Warenkorbanalyse

In 80 % der Fälle, in denen Brot und Butter gekauft werden, wird auch Milch gekauft.

Kein Data Mining, z.B. Datenbankabfrage

Zeige alle Einkäufe von Brot und Butter.

Ermittle die Fälle, bei denen auch Milch gekauft wurde.

---

[149] vgl. Bissantz und Küppers (1996b), S. 36
[150] vgl. Bissantz und Küppers (1996a), S. 30

Data Mining wurde nicht von heute auf morgen geboren. Die Data-Mining-Technik gibt es seit Jahrzehnten, sie war allerdings nicht weit verbreitet. Gründe dafür waren die hohen Kosten und die Komplexität, die es nur Experten ermöglichte, Data Mining zu beherrschen. Auf dem Weg hin zur Entstehung des Data Mining wurden zunächst viele verschiedene Techniken und Produkte entwickelt, die der Entwicklung von Data Mining entgegenkamen.[151]

Ein erster KDD-Workshop fand bereits 1989 in den USA statt. Daraus entwickelte sich schließlich eine jährlich abgehaltene KDD-Konferenz, die 1996 zum zweitenmal durchgeführt wurde und über 500 Teilnehmer anlockte.[152]

Die folgende Tabelle gibt Auskunft über die Entwicklung von der Data Collection über Data Access und Data Warehousing bis hin zum Data Mining:

Entwicklung	Frage-stellung	Verfügbare Techniken	Produkt-Anbieter	Merkmale
Data Collection (1960s)	Wie hoch war mein Umsatz im letzten Jahr ?	Computer, Bänder, Disketten	IBM, CDC	Zurückblickend statische Daten-lieferung
Data Access (1980s)	Wieviele Ein-heiten wurden in Italien im letzten Monat verkauft ?	Relationale Datenbanken (RDBMS, SQL, ODBC)	Oracle, Sybase, Informix, IBM, Microsoft	Zurückblickend dynamische Datenlieferung (satzorientiert)
Data Warehousing und Decision Support (1990s)	Wieviel Umsatz erzielten die einzelnen Regionen in Italien in der KW 27 über welchen Ver-triebskanal im Vergleich zu Planumsätzen ?	Online Analyti-cal Processing (OLAP), Multidimensio-nale Databan-ken, Data Warehouses	Pilot, Comshare, Arbor, Cognos, Oracle	Zurückblickend dynamische Datenlieferung (multidimen-sional orien-tiert)
Data Mining (heute beginnend)	Welche Umsätze könnten in Italien im nächsten Monat erzielt werden ? Und warum ?	Klassifikation, Zeitreihen-muster, Multi-prozessor Computer, Data Warehouses	Pilot, Lockheed, IBM, SGI, SAS	Vorausblickend Datenvorher-sage von unbekannten Verhaltens-mustern

Abb. 15: Entwicklung des Data Mining
(Quelle: Gilmozzi (1996), S. 169)

---

[151] vgl. Gilmozzi (1996), S. 168 f
[152] vgl. Fayyad und Uthurusamy (1996), S. 26

Viele Gründe sprechen dafür, daß Data Mining sich durchsetzen kann. Mit dem Aufbau eines Data Warehouse ist eine zentrale, allen zugängliche und konsistente Datenbasis als Informationsgrundlage gegeben. Diese übernimmt wichtige Grundaufgaben, wie z.B. Datensammlung, Datenreinigung und Datenintegration, die für den Einsatz von Data Mining unerläßlich sind.

Außerdem hat sich die Hardware- und Softwaretechnik enorm verbessert und ist vor allem preisgünstiger geworden. Dies macht es möglich, daß große Datenmengen online über einen langen Zeitraum gehalten werden können. Zudem erfordern die komplexen Data-Mining-Algorithmen solch hohe Rechnerleistungen, die heute Realität geworden sind.[153]

Das gewachsene Interesse an Data Mining dokumentieren zahlreiche Workshops und Rankings über besonders wichtige, zukunftsträchtige Forschungsgebiete, bei denen Data Mining auf Platz 2 landete.[154]

Eine Untersuchung der Gartner Group über neue Technologien ergab, daß Data Mining und künstliche Intelligenz (KI) als Schlüsseltechnologien ganz vorne liegen. Positiv wirkt sich zudem die Tatsache aus, daß die meisten Unternehmen bei der Planung und Einführung eines Data Warehouse auch gleichzeitig die Implementierung von Data Mining planen. Dies spricht dafür, daß Data Mining auch in den nächsten Jahren für Gesprächsstoff sorgen wird.[155]

Mittlerweile werden Tools für das Data Mining sogar als integraler Bestandteil des Data Warehouse angesehen, auch wenn sich beide Ansätze unabhängig voneinander entwickelt haben.[156]

4.2 Rahmenkonzept

4.2.1 Verifikationsmodelle versus Entdeckungsmodelle

Herkömmliche Entscheidungsunterstützungssysteme, wie z.B. Abfragen und Reports, gehören zu den *Verifikationsmodellen*. Dabei formuliert der Benutzer eine Hypothese, erstellt eine Abfrage an das Data Warehouse, die die These dann verifiziert oder widerlegt. Dafür ist natürlich Fachwissen und Erfahrung seitens der Benutzer Voraussetzung, da sie selbst eine Hypothese bilden müssen.

---

[153] vgl. Gilmozzi (1996), S. 168
[154] vgl. Bissantz (1996), S. 1
[155] vgl. Gilmozzi (1996), S. 168
[156] vgl. Bissantz u.a. (1996), S. 338

Letztlich erhält der Anwender nur Bestätigung bereits erahnter Informationen. Unvermutete Informationen und Beziehungen der Daten untereinander bleiben unerkannt. „Da die zu analysierenden Datenbestände immer größer werden, steigt die Wahrscheinlichkeit, daß durch diese Methoden Zusammenhänge nicht restlos aufgedeckt werden."[157] Die erhaltenen Informationen bleiben somit immer unvollständig und die auf ihnen basierenden Entscheidungen mit einem größeren Risiko behaftet.[158]

Die neuen Entscheidungsunterstützungssysteme, zu denen auch das Data Mining gehört, werden zu den *Entdeckungsmodellen* gerechnet, d.h. sie sind in der Lage Algorithmen einzusetzen, die große Datenbestände selbständig analysieren können. Sie ergänzen die Verifikationsmodelle, weil sie Zusammenhänge in den Daten erkennen, ohne daß der Benutzer eine Hypothese formulieren muß. Solche Zusammenhänge können Strukturen, Trends oder Muster sein.[159]

Bildlich läßt sich dieser Unterschied sehr einfach darstellen:[160]

Verifikation:

Ein Minenarbeiter gräbt Löcher und hofft, Diamanten zu finden.

Diese Arbeitsweise ist ineffizient und zeitintensiv.

Entdeckung:

Die gesamte Erde wird mit einer Maschine ausgegraben und aufgeschüttet, dabei werden alle Steine zutage gefördert.

Ein Minenarbeiter erkennt und entscheidet dann,

welche Steine Diamanten und welche Steine nur Quarze sind.

---

[157] Boehrer (1996), S. 17
[158] vgl. ebenda, S. 17
[159] vgl. ebenda, S. 17
[160] vgl. ebenda, S. 18

Data Mining als Entdeckungsmodell bietet dem Anwender also die Voraussetzung, viele ungeahnte Aussagen, Regeln oder Informationen zu finden. Die menschliche Leistung allerdings besteht nun darin, die relevanten Informationen herauszufiltern, zu interpretieren, zu präsentieren und für weitere Analysen als Wissen zu speichern:

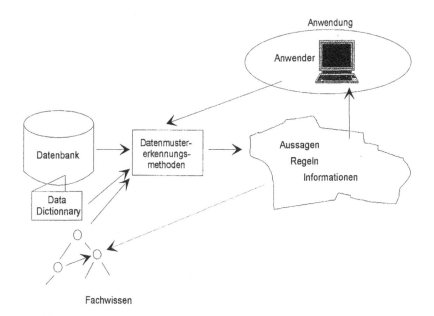

Abb. 16: Rahmenkonzept der Datenmustererkennung
(Quelle: Bissantz und Hagedorn (1993), S. 483)

4.2.2 Anforderungen an Data Mining

Bei der Realisierung eines Data-Mining-Systems wird man mit verschiedenen Herausforderungen konfrontiert, die bis dato zu unterschiedlichen Graden bewältigt sind. Im folgenden werden diese Aspekte diskutiert.

Autonomie versus Allgemeine Verwendbarkeit

Mit der Forderung nach Autonomie eines Data-Mining-Systems ist gemeint, daß der Benutzer möglichst wenig Vorarbeit leisten muß und das System weitgehend selbständig nach Lösungen sucht.[161]

---

[161] vgl. Bissantz u.a. (1996), S. 341

Das ist das eigentlich Innovative an Data Mining überhaupt, denn „the traditional method of turning data into knowledge relies on manual analysis and interpretation."[162] Dazu zählt vor allem die Tatsache, daß Hypothesen vom System selbst generiert werden sollen.

Demgegenüber steht die Forderung nach einer möglichst allgemeinen Verwendbarkeit. Zwischen beiden Forderungen besteht somit ein *trade-off*, denn je autonomer ein System arbeitet, um so kleiner ist der Anwendungsbereich und umgekehrt.

Allerdings steht hier die Systemautonomie im Vordergrund, zumal der Aufwand einer Anpassung an ein spezielles Problem als weniger erschwerend angesehen wird.[163]

Datenproblematik

Ein Data-Mining-System bezieht Rohdaten aus einer Datenbank oder bereits aufbereitete Daten aus einem Data Warehouse als Input. Es wird deshalb immer mit der Datenproblematik konfrontiert sein.

Datensammlungen sind *nie vollständig* und unterliegen der *Dynamik der Daten*. Änderungen der Daten dürfen nicht zu falschen Ergebnissen führen, so daß die Aktualisierung der Daten ein wichtiger Aspekt ist.[164]

Die Forderung nach aktuellen Daten, die parallel zum operativen System geführt werden, ist in einem Data Warehouse per se gegeben.[165]

Desweiteren hat das Data-Mining-System mit *fehlerhaften Daten* zu kämpfen, da die Dateneingabe meist manuell erledigt wird. Deshalb muß in Data-Mining-Systemen ein eigener Teilbereich für die Datenreinigung zuständig sein.

Redundante Daten behindern die Suche nach Mustern, da sie keine neue Informationen darstellen.

Aufgrund des *großen Datenvolumens* ist es immer schwieriger, aktuell über die *Qualität der Daten* informiert zu sein, zudem sind bestimmte Algorithmen nur für kleinere Datenbestände effizient einsetzbar.[166]

---

[162] Fayyad u.a. (1996b), S. 28
[163] vgl. Bissantz u.a. (1996), S. 341 ff
[164] vgl. Fayyad u.a. (1996b), S. 33
[165] vgl. Bissantz u.a. (1996), S. 343 f
[166] vgl. ebenda, S. 344 f

Eine weitere Herausforderung stellt die *Verschiedenartigkeit* der vorhandenen Daten dar. Datenbanken enthalten nicht nur numerische Daten, sondern auch nonstandard-, Multimedia oder objektorientierte Daten.

Nonstandard-Daten können geometrische, grafische, zeitbezogene, relationale oder Mischdaten sein.[167] Mischdaten sind sehr komplex. Sie vereinen Text-, Bilder-, Audio-, Video- oder Netzdaten.[168]

Verständlichkeit

Die aus dem Datenmaterial extrahierten Informationen müssen dem Benutzer in einer verständlichen Form präsentiert werden oder so strukturiert sein, daß sie weiterverarbeitet werden können[169]. Dazu eignen sich leicht verständliche Regelstrukturen, grafische Präsentationen und einfache Benutzersprachen.[170]

Sicherheit

Alle Informationen sind mit einer gewissen Unsicherheit verbunden. Diese gilt es zu begrenzen und in einer geeigneten Form ergänzend anzugeben, z.B. durch Vertrauensintervalle.[171]

Integration

Ein Data-Mining-System, das stand-alone arbeitet ist wertlos. Es muß ein interaktives, integriertes System darstellen.

Dies schließt die Integration eines Datenbankmanagementsystems (DBMS), eines Expertensystems, unterschiedlicher mathematischer Algorithmen und statistischer Verfahren, verschiedener Spreadsheets, Grafikwerkzeuge usw. ein.

Aufgrunddessen vereinigt die Data-Mining-Forschung viele verschiedene Forschungsrichtungen und ist daher, wie schon erwähnt, multidisziplinär.[172]

---

[167] vgl. Fayyad u.a. (1996b), S. 34
[168] vgl. Brachman u.a. (1996), S. 47
[169] vgl. Bissantz u.a. (1996), S. 345
[170] vgl. Fayyad u.a. (1996b), S. 33
[171] vgl. Bissantz u.a. (1996), S. 345 f
[172] vgl. Fayyad u.a. (1996b), S. 34

Interessantheit

Die Ergebnisse des Data-Mining-Prozesses sollten ein gewisses Maß an Interessantheit aufweisen können. Nicht interessante Aussagen sind:[173]

1. Redundante Aussagen:

Verschiedene Regeln beschreiben denselben Sachverhalt.

2. Unbedeutende/Zufällige Aussagen:

Die Aussage bezieht sich auf ein einziges Element einer kleinen Stichprobe.

3. Schon bekannte Aussagen:

Die Regel gibt längst bekanntes Fachwissen wieder oder ist tautologisch. (Tautologiebeispiel: 'Alle schwangeren Patienten sind weiblich')[174]

4. Triviale Aussagen:

Die Aussage ist im Kontext als trivial anzusehen.

5. Irrelevante Aussagen:

Die Regel beschreibt einen Sachverhalt der unbeeinflußbar ist.

Effizienz

Eine letzte Forderung an das Data-Mining-System ist ein kurzes Antwortzeitverhalten. Die Rechenzeit eines Algorithmus' läßt sich durch Einengung des Suchraums verkürzen. Allerdings wird diese Forderung sowieso an Bedeutung verlieren, da immer schnellere Prozessoren entwickelt werden.[175]

---

[173] vgl. Bissantz u.a. (1996), S. 346
[174] vgl. Bissantz und Hagedorn (1993), S. 486
[175] vgl. Bissantz u.a. (1996), S. 347 f

4.2.3 Das Data-Mining-System

Ein Data-Mining-System, das obige Anforderungen erfüllen kann, weist folgende Basiskomponenten auf:[176]

Steuerung:

Erhält einfache Befehle vom Benutzer, übernimmt die Ablaufkonfiguration und die Parametrierung der anderen Komponenten. Die Hauptaufgabe der Steuerung ist es, die Autonomie des Systems sicherzustellen.[177]

Wissensbasis:

Speicherung von Domänenwissen. Darunter versteht man Hintergrundwissen, wie z.B. Angaben über Datenstrukturen und Dateninhalt, Expertenwissen oder auch Beziehungen zwischen den Daten.[178]

Datenbank und Datenbankschnittstelle:

Versorgung des Systems mit aufbereiteten Daten. Enthält das Data-Mining-System keine eigene Datenbank und bezieht die Daten aus einer externen Datenbank, so ist eine entsprechende Schnittstelle nötig.

Fokussierung:

Entscheidet darüber, welche Daten auf der Basis der Informationen aus der Wissensbasis analysiert werden.

Analysealgorithmen:

Der Kern des Systems, denn die eigentliche Datenanalyse findet hier statt. Je besser und universeller die Algorithmen sind, desto allgemeiner verwendbar ist das gesamte Data-Mining-System.[179]

Die Methoden, die zur Datenanalyse eingesetzt werden, werden im Abschnitt 4.4 dieser Arbeit kurz diskutiert.

Bewertung:

Prüfung der Ergebnisse auf Interessantheit und Nützlichkeit.

Präsentation:

Verständliche Aufbereitung und Ausgabe der Ergebnisse. Hier spielt die Visualisierungstechnik eine bedeutende Rolle.

---

[176] vgl. Bissantz u.a. (1996), S. 348
[177] vgl. Bissantz (1996), S. 12
[178] vgl. ebenda, S. 13
[179] vgl. ebenda, S. 15

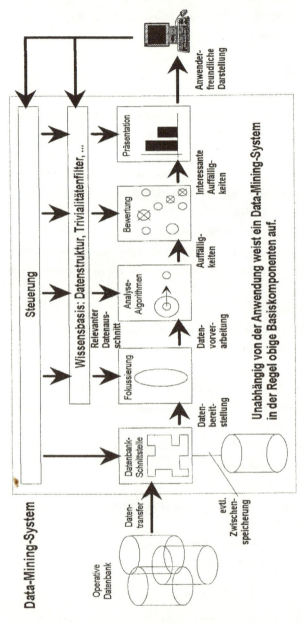

Abb. 17: Das Data-Mining-System
(Quelle: Bissantz und Küppers (1996b), S. 36)

4.3 Funktionen und Ziele des Data Mining

Data Mining läßt sich grob in die drei Phasen *Datenaufbereitung*, *Datenanalyse* und *Datenpräsentation* gliedern.[180]

Auf der Basis der Daten des Data Warehouse oder einer entsprechenden konsistenten Datenbasis wählt der Miner die relevanten Daten aus, formt sie in geeigneter Weise um und sucht in den aufbereiteten Daten nach Beziehungen und Mustern.

Die Ergebnisse dieser Datenanalyse werden schließlich interpretiert, mit einer Angabe über ihre Sicherheit versehen und präsentiert:[181]

Der Data-Mining-Prozeß

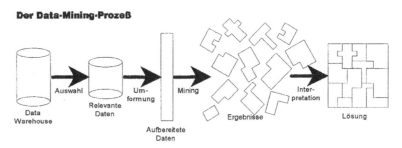

Data-Mining-Tools benötigen als Eingabe geeignet umgeformte Daten aus einem Data Warehouse. Die Ausgabe dieser Tools muß nach wie vor durch einen menschlichen Experten interpretiert werden.

Abb. 18: Der Data-Mining-Prozeß
(Quelle: o.V. (1996e), S. 22)

Diese grobe Dreiteilung in Datenaufbereitung, Datenanalyse und Datenpräsentation kann noch etwas verfeinert werden:[182]

❶ **Datenaufbereitung:** Relevante Daten selektieren

  Daten aufbereiten und transformieren

  ↓

❷ **Datenanalyse:** Daten analysieren

  Information extrahieren

  ↓

❸ **Datenpräsentation:** Information visualisieren

---

[180] vgl. Scheer (1996), S. 75
[181] vgl. Bissantz u.a. (1996), S. 340
[182] vgl. Boehrer (1996), S. 31

Dieser Data-Mining-Prozeß wird in der englischsprachigen Literatur auch als *KDD process*[183] bezeichnet. Er wird dabei als weiterer Begriff definiert. Data Mining stellt darin nur den eigentlichen Teil der Suche nach Datenmustern dar, auf dem Weg zum Wissen (knowledge) werden ähnliche Phasen unterschieden.[184]

Da aber heutige Data-Mining-Tools auch für die anderen Phasen, wie z.B. Datenaufbereitung, schon konzipiert sind, sollte der Begriff des Data Mining nicht nur auf die Suche nach unbekannten Datenzusammenhängen eingeschränkt werden.

Data Mining soll deshalb in dieser Arbeit als gesamter Prozeß von der Datenaufbereitung über die Datenanalyse bis hin zur Datenpräsentation angesehen werden. Eine anschließende ausführliche Phase der Informationsinterpretation, um schließlich zum sog. Wissen zu gelangen, kann als zusätzliche Phase im Anschluß an den Data-Mining-Prozeß angesehen werden.

In dieser Phase sind letztendlich auch menschliche Fähigkeiten, wie z.B. Intuition oder Kreativität, gefragt. Darauf wird im Abschnitt 5.2 noch näher eingegangen. Die folgende Tabelle zeigt Gemeinsamkeiten und Unterschiede dieser Betrachtungen:

Grobe Phaseneinteilung	Data-Mining-Prozeß (im Sinne dieser Arbeit)	KDD process (U.M. Fayyad u.a.)
Datenaufbereitung	Relevante Daten selektieren	data selection
	Daten aufbereiten	preprocessing
	Daten transformieren	transformation
Datenanalyse	Daten analysieren	data mining
	Information extrahieren	
Datenpräsentation	Information visualisieren	reporting
Dateninterpretation	Information interpretieren	interpretation/evaluation

Abb. 19: Data Mining versus KDD

---

[183] vgl. Fayyad u.a. (1996b), S. 29
[184] vgl. Adriaans und Zantinge (1996), S. 37

4.3.1 Datenaufbereitung und -integration

In dieser Phase der Datenvorbereitung werden die Daten integriert und aufbereitet. Im Normalfall sorgt das Data Warehouse schon im Vorfeld für Vollständigkeit und Konsistenz der Daten.[185] Falls trotzdem fehlerhafte Daten übernommen werden, so haben sich diesbezüglich die Data-Mining-Algorithmen als gute Datenschmutzdetektoren[186] erwiesen. Datenfehler produzieren nämlich äußerst auffällige Muster, sog. Ausreißer, die vom System erkannt und markiert werden. Darüberhinaus gibt es auch schon speziell auf die Datenreinigung abgestimmte Data-Mining-Tools.[187]

4.3.2 Datenanalyse

In dieser Phase der gründlichen Suche in den Datenbeständen werden zunächst sehr viele Beziehungen zwischen den Datenobjekten erkannt. Da nicht alle Beziehungen validiert werden können, sind intelligente Suchstrategien geeignet. Intelligente Data-Mining-Tools bieten die Möglichkeit des Drill-down, um von aggregierten Daten zu den gewünschten Detaildaten vorzustoßen.[188]

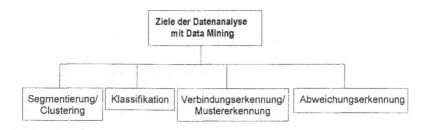

4.3.2.1 Segmentierung/Clustering

Das Ziel der Segmentierung ist es, aus dem Datenbestand selbständig eine Struktur nach zuvor festgelegten Kriterien zu generieren. Objekte mit gleichen oder ähnlichen Eigenschaften werden zu sog. Segmenten zusammengefaßt. Dabei kommt es darauf an, innerhalb eines Segmentes einen hohen Grad an Übereinstimmung zu erreichen und die Segmente selbst jedoch möglichst stark voneinander abzugrenzen. Der Benutzer bestimmt dabei mittels Eingabe von Parametern den Grad der Übereinstimmung, die Zahl der

---

[185] vgl. Scheer (1996), S. 75
[186] vgl. Bissantz u.a. (1996), S. 351
[187] vgl. ebenda, S. 351
[188] vgl. Scheer (1996), S. 75

Segmente jedoch wird vom Data-Mining-System selbst festgelegt. Dadurch können auch kleine, wichtige Nischensegmente entstehen, für die, wenn sie z.B. eine Kundengruppe repräsentieren, dann spezielle Marketingstrategien entwickelt werden können.[189]

Durch Segmentierung können z.B. Muster im Käuferverhalten erkannt werden. Dazu werden Kundendaten und Kundentransaktionen über einen bestimmten Zeitraum analysiert und gleiche oder ähnliche Verhaltensmuster identifiziert. Dann können Käufer hinsichtlich Alter, Geschlecht oder Herkunft zu einem Segment zusammengefaßt werden. Aber auch andere Aspekte können herangezogen werden, wie z.B. die Frage, ob ein Kunde mit Kreditkarte zahlt oder ob er vielleicht die Selbstbedienung dem Service vorzieht.[190]

Beispiel:[191]

Eine Datenbank zeigt das Kaufverhalten von Kunden. Die Kunden sollen nun in die Klassen eingeordnet werden, ob sie viel oder wenig Geld für Software ausgeben. Das bestimmte Attribut hier heißt 'Monatliche Softwareausgaben'. Die Klasseneinteilung könnte wie folgt aussehen: Ist dieses Attribut größer als 200 DM, dann ist der Kunde ein Kunde, der viel Geld für Software ausgibt. Zusätzlich gibt es noch die bestimmenden Attribute 'Einkommen des Kunden' und 'Computertyp des Kunden'. Das Data-Mining-System muß nun aus den Werten der bestimmenden Attributen den Wert des bestimmten Attributs voraussagen, d.h. die Klassifikation vornehmen. Eine Klassifikationsregel könnte dann z.B. heißen: 'Einkommen des Kunden' > 8.000 DM und 'Computertyp des Kunden' = Pentium PC, so ist 'Monatliche Softwareausgaben' > 200 DM. Damit sind die Kunden, die mehr als 8.000 DM verdienen und einen Pentium PC besitzen in der Klasse der Kunden, die viel Geld für Software ausgeben.

Ein Objekt kann zu einer Klasse gehören oder nicht. Wenn es zu einer Klasse gehört so ist es ein positives Beispiel dieser Klasse. Gehört es nicht dazu, so ist es ein negatives Beispiel. Eine Klassifikationsregel sollte möglichst korrekt sein, d.h. sie sollte alle Objekte beinhalten, die zu ihr gehören und keines, das nicht zu ihr gehört. Im obigen Beispiel ist die Regel korrekt, wenn bei allen Ojekten, bei denen das Einkommen größer als 8.000 DM und der Computertyp ein Pentium ist, auch die monatlichen Ausgaben für Software größer als 200 DM sind.

---

[189] vgl. Boehrer (1996), S. 22 f
[190] vgl. ebenda, S. 23
[191] vgl. Kelm (1996), S. 6

Auf der einen Seite kann ein Objekt mehreren Klassen zugehören, auf der anderen Seite kann es aber auch sein, daß nicht für jedes Objekt eine Klassenzuordnung mit statistisch ausreichender Sicherheit gefunden werden kann.[192]

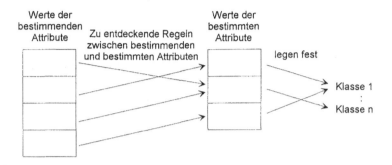

Abb. 20: Vorgehensweise des Data Mining bei der Segmentierung
(Quelle: Kelm (1996), S. 6)

Mit Hilfe der Segmentierung können auch große Kundenumfragen analysiert werden. Anhand der gegebenen Antworten können wiederum Kundenprofile erstellt werden, da jede Antwort Rückschlüsse auf das Kundenverhalten zuläßt. Für jede Kundengruppe kann dann wiederum ein geeignetes Mikromarketing ausgearbeitet werden.[193]

4.3.2.2 Klassifikation

Bei der Klassifikation werden Objekte definierten Klassen zugeordnet, die zuvor z.B. durch Clustering gefunden wurden. Dabei wird eine Klasse durch eine mathematische Funktion oder durch bestimmte Regeln definiert.[194]

Werden Klassen mit Hilfe einer Funktion definiert, sucht das System selbst nach der optimalen mathematischen Funktion, dabei werden verschiedene mathematische Basismethoden verwendet, wie z.B. statistische Verfahren, Entscheidungsbäume oder Neronale Netze. Zur Ermittlung der Ähnlichkeit der Objekte einer Klasse werden meist Distanzmaße aus der Statistik verwendet. Ein einfaches Beispiel ist der Euklidische Abstand, die Wurzel der summierten Quadrate der Abstandswerte.[195]

---

[192] vgl. Kelm (1996), S. 6 f
[193] vgl. Boehrer (1996), S. 23 f
[194] vgl. ebenda, S. 24
[195] vgl. Bissantz und Hagedorn (1993), S. 483

Die Klassifikation anhand einer Funktion eignet sich bestens für die Erstellung von Prognosen. Der Benutzer gibt lediglich Attributswerte ein, z.B. den Preis eines Produkts, das System sucht selbständig nach der geeigneten Funktionskurve und kann z.b. den Umsatz prognostizieren.[196]

Werden Klassen durch Regeln definiert, geschieht dies meist mit Hilfe von *Wenn, dann-Regeln*. Wenn eine bestimmte oder mehrere Bedingungen erfüllt werden, dann wird das Objekt dieser Klasse zugeordnet. Der Vorteil ist hier, daß eine Klasse nicht nur gebildet, sondern auch beschrieben und charakterisiert wird. Eine Gruppe von Regeln, die eine Klasse beschreibt wird Konzept genannt.[197]

Das *Clustering* unterscheidet sich von der Klassifikation dahingehend, daß Gruppen-strukturen in unklassifizierten Daten entdeckt werden sollen, d.h. die Gruppen, denen die Objekte zugeordnet werden sollen, sind vorher noch nicht definiert worden. Es wird angewandt, um Fehler oder Probleme zu erkennen, die vorher nicht bekannt waren oder noch gar nicht aufgetreten sind.[198] Bei der Klassifikation hingegen werden schon zuvor definierte Klassen verwendet, diese werden beschrieben und die Objekte werden ihnen zugeordnet. Es wird also ein Datensatz, z.B. Kreditantrag, in eine bekannte Gruppe, z.B. Risikoklasse, eingeordnet.[199]

4.3.2.3 Verbindungserkennung/Mustererkennung

Die Verbindungserkennung ist eine äußerst wichtige Data-Mining-Funktion, da sie *neue* Regeln entdeckt, die Beziehungen zwischen den Objekten beschreibt. Meist sind dies wiederum *Wenn, dann-Regeln*, die mit einer bestimmten Eintrittswahrscheinlichkeit ver-sehen sind:[200]

Beispiel:	Wenn ein Kunde eine Hypothek bei der Bank A abschließt, dann eröffnet er zu 60% sein Salärkonto auch bei dieser Bank.

---

[196] vgl. Boehrer (1996), S. 24 f
[197] vgl. Bissantz und Hagedorn (1993), S. 483
[198] vgl. Gilmozzi (1996), S. 170
[199] vgl. Bissantz und Küppers (1996b), S. 38
[200] vgl. Boehrer (1996), S. 26

Es werden natürlich sehr viele solcher Verbindungen gefunden, so daß der Benutzer diese Regeln selbst bewerten muß. Nicht jede gefundene Beziehung ist interessant für den Benutzer.[201]

Mit Hilfe der Mustererkennung lassen sich z.b. Warenkorbanalysen sehr gut durchführen. Es werden Kombinationen von Produkten ermittelt, die oft zusammen gekauft werden. Es werden alle Kombinationen von Produkten erkannt und diejenigen ermittelt, die gegenüber dem Durchschnitt auffallen.[202]

Bei der *sequentiellen Verbindungserkennung*, auch Zeitreihenanalyse[203], werden die Daten der Objekte, die die gleiche Struktur aufweisen, zusätzlich auf einen zeitlichen Bezug hin untersucht.[204]

Beispiel:	Wenn der Kunde vom Prototyp A einen Tennisschläger kauft, dann kauft er innerhalb von zwei Wochen mit einer 65%igen Wahrscheinlichkeit auch eine komplette Tennisbekleidung.

Die Zeitreihenanalyse eignet sich hervorragend zur Aufstellung von Prognosen und zur Trendermittlung.[205]

Bei der Mustererkennung sind grundsätzlich zwei Ziele zu unterscheiden. Erstens sollen die relevanten Kriterien, die eine Gruppe definieren, gefunden werden. Dadurch lassen sich z.B. Kundengruppen bestimmen, die ein bestimmtes Produkt gerne kaufen. Zweitens soll die Bewertung noch nicht zugeordneter Daten automatisch erfolgen, wie z.B. bei der Abschätzung des Kreditausfallrisikos.[206]

4.3.2.4 Abweichungserkennung

Die Abweichungserkennung ist das Gegenteil der Segmentierung. Das System sucht nach Objekten, die andere Eigenschaften aufweisen als das normale Muster. Auch hier ist nach dem Erhalt der Ergebnisse vom Benutzer zu klären, ob diese Abweichungen zufällig oder begründet sind.[207]

---

[201] siehe auch Abschnitt 4.2.2
[202] vgl. Bissantz und Küppers (1996b), S. 37
[203] vgl. Gilmozzi (1996), S. 170
[204] vgl. Boehrer (1996), S. 26
[205] vgl. o.V. (1996e), S. 22
[206] vgl. Bissantz und Küppers (1996b), S. 37
[207] vgl. Boehrer (1996), S. 27

Die Abweichungsanalyse spielt vor allem im Controlling eine besondere Rolle. Dort kann dann z.B. ermittelt werden, warum ein bestimmter Deckungsbeitrag nicht erreicht oder ein Budget überschritten wurde. Dazu sind viele Drill-down-Schritte nötig, in denen die gefundenen Abweichungen auf den verschiedenen Aggregationsebenen ausgewiesen und verfeinert dargestellt werden.[208]

4.3.3 Datenpräsentation

In dieser dritten Phase werden die gefundenen Informationen in geeigneter Weise darge-stellt.[209] Danach kann sich optional eine Folgeaktion anschließen, wie z.B. eine erneute Suchanfrage.[210]

4.4 Basismethoden des Data Mining

Um die verschiedenen Funktionen erfüllen zu können, arbeiten Data-Mining-Systeme mit verschiedenen Algorithmen bzw. Basismethoden für die Datenanalyse.

Da jede Basismethode ihre Stärken und Schwächen hat, ist es ratsam, sie miteinander zu kombinieren und so die optimale Lösungsqualität und das optimale Antwortzeitverhalten zu erzielen.[211]

Die meisten Hersteller von Data-Mining-Werkzeugen bieten sowieso eine Kombination mehrerer Methoden an.[212]

Es wird hier jedoch nicht näher auf die mathematischen Grundlagen dieser Methoden eingegangen. Das Entscheidungsbaumverfahren wird als Beispiel etwas näher beleuchtet, die anderen Methoden sollen nur kurz vorgestellt werden.

4.4.1 Entscheidungsbaumverfahren

Viele Data-Mining-Systeme verwenden das Entscheidungsbaumverfahren, das dem Maschinellen Lernen zugerechnet wird. Dabei werden Klassifikationen in Form von Bäumen dargestellt. Blätter repräsentieren die Klassen, Astgabeln stehen für die Atrribute einer Klasse und die Äste symbolisieren die Attributwerte.[213]

---

[208] vgl. Bissantz und Küppers (1996b), S. 36
[209] siehe auch Abschnitt 4.4.2
[210] vgl. Scheer (1996), S. 75
[211] vgl. Boehrer (1996), S. 21 f
[212] vgl. Gilmozzi (1996), S. 171
[213] vgl. Bissantz u.a. (1996), S. 360

Decision Trees sind einfach und schnell zu erzeugen. Allerdings muß man dafür Defizite bei der Genauigkeit in Kauf nehmen. Entscheidungsbäume ermöglichen meist nur eine relativ grobe Datenanalyse.[214]

Ausgehend von der Gesamtdatenmenge wird ein Knoten eingeführt, der die Datenmenge in zwei oder mehrere Untergruppen teilt. Der Knoten wird dabei so gewählt, daß der Informationsgewinn möglichst groß ist. Alle weiteren Äste werden wieder mit Knoten versehen, bis ein bestimmtes Abbruchkriterium erreicht ist, z.B. die Mindestgröße einer Untergruppe.

Die verschiedenen Entscheidungsbaumverfahren unterscheiden sich durch das Abbruchkriterium und dadurch, wie die Knoten bestimmt werden.[215] Ein einfaches Beispiel für einen Entscheidungsbaum sieht wie folgt aus:

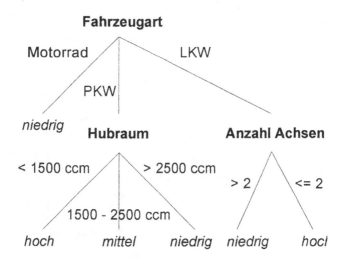

Abb. 21: Beispiel für einen Entscheidungsbaum
(Quelle: Bissantz und Küppers (1996b), S. 38)

Ein Regelbeispiel: Wenn Fahrzeugart = PKW und Hubraum < 1500 ccm, dann ist die Schadenssumme = hoch (Schadenssumme jeweils kursiv gedruckt).

---

[214] vgl. Gilmozzi (1996), S. 171
[215] vgl. Bissantz und Küppers (1996b), S. 37

Das bekannteste Verfahren ist ID3 von Quinlan. Das aktuelle System C4.5 ist sehr ausgereift und enthält auch ein Modul zur Transformation von Entscheidungsbäumen in Entscheidungsregeln.[216]

Der Algorithmus ID3 beginnt mit einem Teil des sog. Trainingssets. Mit nur wenig Iterationen wird aus Sets mit bis zu 30.000 Objekten und bis zu 50 Attributen ein Baum generiert. Danach ordnet ID3 die noch nicht berücksichtigten Objekte im Baum an. Bei falscher Klassifikation startet der Algorithmus erneut mit einem größeren Teil des Trainingssets. Es werden nun die nachträglich falsch klassifizierten Objekte von Anfang an berücksichtigt.[217]

4.4.2 Weitere Methoden

Visualisierungstechniken

Die Visualisierung ist keine Methode im eigentlichen Sinne, sondern eine Form der Darstellung. Allerdings verwendet auch sie zur Sichtbarmachung der Ergebnisse komplexe Algorithmen.[218]

Durch diese Technik können die Ergebnisse also grafisch und damit leicht verständlich präsentiert werden. So können z.B. Assoziationsregeln und die Stärke der Korrelation zwischen den Elementen grafisch dargestellt werden. Verschiedene *Visualizer* bieten dreidimensionale Darstellungen oder Drill-down-Funktionen für geografische Daten.[219]

Sie werden dann eingesetzt, wenn durch die Intuition des Benutzers schnellere und bessere Rückschlüsse erwartet werden können.[220]

Mit Hilfe der Visualisierung ist es möglich, den Menschen in den Analyseprozeß miteinzubeziehen. Menschen können besser mit vagen Beschreibungen und unscharfem Wissen umgehen als heutige Systeme und mit ihrem Allgemeinwissen können sie komplexe Schlußfolgerungen ziehen. Ziel der modernen Datenanalyse ist es, die Speicherkapazität und die Rechenleistung des Computers mit der Intuition und der Kreativität des Menschen zu kombinieren. Dazu eignet sich die Visualisierungstechnik sehr gut, da sie den Benutzer nicht mit Informationen überhäuft, sondern einen guten Überblick über relevante Informationen liefert.[221]

---

[216] vgl. Bissantz (1996), S. 31 f
[217] vgl. Hagedorn (1996), S. 42
[218] vgl. Gilmozzi (1996), S. 171
[219] vgl. o.V. (1996b), S. 19
[220] vgl. Bissantz und Küppers (1996b), S. 38
[221] vgl. Kriegel und Keim (1996), S. 204

Neuronale Netze

Neuronale Netzwerke sind bekannt für ihre Lernfähigkeit. Das Netz lernt selbständig, Datenmuster zu klassifizieren und die gewünschten Antworten zu generieren.[222] Aufgrund dieser Lernfähigkeit sind neuronale Netze in der Lage, gesuchte Muster und Informationen zu finden und sind als Intelligente Technologie deshalb für Data Mining sehr geeignet. Sie eignen sich im besonderen zur Klassifikation.[223] Ein weiterer Vorteil neuronaler Netzwerke ist es, sehr große und komplexe Datenbestände zu analysieren. Allerdings verbrauchen sie große Ressourcen und haben deshalb ein schlechtes Antwortzeitverhalten. Zudem arbeiten sie als Black-Box-System, d.h. der Benutzer bekommt die Ergebnisse nur geliefert, weiß aber nicht, wie diese erzielt werden. Das ist der Akzeptanz als Entscheidungsgrundlage allerdings abträglich.[224] Neuronale Netze werden auch häufig zur Prognose verwendet. Dazu werden Zeitreihen als Datengrundlage und zum 'Trainieren' des Netzes genutzt. Davon abgeleitet wird dann ein Netzmodell generiert, das die Zukunftswerte prognostizieren kann.[225]

Entscheidungsregeln (Regelinduktion)

Hier werden logische Operatoren wie *und, oder, nicht* usw. verwendet. Ausgehend von einer allgemeiner gehaltenen Regel wird eine Grundregelmenge gebildet, im folgenden werden diese Regeln zunehmend verfeinert und konkretisiert, bis dann schließlich ein Abbruchkriterium das Verfahren beendet. Die Induktion ähnelt dem Entscheidungsbaumverfahren, basiert aber auf einem anderen Algorithmus und stellt die Ergebnisse nicht in einer hierarchischen Form dar.[226] Jeder Pfad eines Entscheidungsbaums von der Wurzel bis hin zum Blatt entspricht dabei einer Regel.[227]

Statistische Methoden

Statistische Verfahren bieten den Vorteil, daß sie Beziehungen zwischen Variablen sehr genau beschreiben können. Allerdings setzen sie die Variablenzusammenhänge voraus, z.B. in Form einer Klassifikation. Sie sind deshalb nur beschränkt einsetzbar.

---

[222] vgl. Gilmozzi (1996), S. 170
[223] vgl. Weber (1997), S. 5
[224] vgl. Boehrer (1996), S. 21
[225] vgl. Weber (1997), S. 17
[226] vgl. Gilmozzi (1996), S. 171
[227] vgl. Bissantz und Küppers (1996b), S. 37 f

Sehr bekannt ist hier die Regressionsanalyse, bei der Hypothesen über lineare Beziehungen von Variablen gebildet werden.[228]

Fuzzy-Logic

Die Fuzzy Set Theorie wird auch als Theorie unscharfer Mengen bezeichnet.[229] Hierbei wird versucht, die sprachliche Unschärfe zu bewältigen und die Präzision statistischer Verfahren aufzuweichen.[230]

Es handelt sich dabei um eine Erweiterung der klassischen Mengenlehre. Eine klassische Menge beinhaltet Elemente, die mindestens eine bestimmte, gemeinsame Eigenschaft aufweisen. Die Zuordnung zu einer Menge hängt davon ab, ob diese Eigenschaft vorhanden ist oder nicht. Bei der Fuzzy Set Theorie entfernt man sich von dieser strikten ja-oder-nein - Zuordnung. Man spricht von einer graduellen Zuordnung, bei der für jedes Element ein Grad angegeben wird, mit dem es zu einer unscharfen Menge gehört.[231]

Durch diese Art der Mengenbildung eignet sich die Fuzzy Logic natürlich zum Clustering und zur Klassifikation zur Bildung von Segmenten und Klassen.

---

[228] vgl. Bissantz (1996), S. 60
[229] vgl. Weber (1997), S. 6
[230] vgl. Bissantz und Küppers (1996b), S. 38
[231] vgl. Weber (1997), S. 6

5. Data Mining Lösungen und deren strategische Bedeutung

Mit den vier vorgestellten Data-Mining-Funktionen Segmentierung, Klassifikation, Verbindungserkennung und Abweichungserkennung lassen sich alle Data-Mining-Lösungen realisieren. Dabei werden die Funktionen miteinander kombiniert, die Data-Mining-Lösung wird stufenweise erreicht.[232] Hier spricht man vom sog. mehrstufigen Data-Mining.[233]

„Den größten Nutzen haben häufig Spezialanwendungen, die genau auf das Problem zugeschnitten sind."[234]

5.1 Typische Anwendungsgebiete für Data-Mining-Lösungen

In der Praxis wird Data Mining schon jetzt erfolgreich eingesetzt, wo traditionell sehr große Datenmengen vorhanden sind. In der Regel sind dies Warenhäuser, Banken, Versicherungen oder Telefongesellschaften.[235]

Aber auch in der Industrie, vor allem in den Funktionsbereichen Marketing, Controlling, Produktion und Finanzen, ist Data Mining schon im Einsatz. Als Beispiel sollen hier die Möglichkeiten im Marketing, im Controlling und im Bankwesen aufgezeigt werden.

5.1.1 Marketing

Im Marketing wurden schon seit längerem Datenbanken dazu benutzt, um Informationen zu gewinnen, die Impulse geben für effizientere Marketingaktionen. Dieser Bereich von Marketing-Anwendungen wird als *database marketing*[236] bezeichnet.

Hier bietet sich vor allem die Analyse von Warenkorbdaten an. Dazu eignet sich, wie schon erwähnt, die Verbindungserkennung sehr gut.

Dabei werden die Daten aus dem Warenkorb analysiert, Hypothesen generiert und Regeln formuliert. Eine solche Regel wäre z.B., daß zu 80% Brot und Butter zusammen mit Milch eingekauft werden.[237]

Warenkorbdaten ⇨ Hypothesengenerierung ⇨ Regelbildung

---

[232] vgl. Boehrer (1996), S. 28
[233] vgl. Bissantz und Küppers (1996b), S. 36
[234] Bissantz und Küppers (1996a), S. 33
[235] vgl. Kelm (1996), S. 7
[236] vgl. Brachman u.a. (1996), S. 45
[237] vgl. Bissantz (1996), S. 29

Anhand solcher Erkenntnisse können nun Regale optimal zusammengestellt (effiziente Zweitplazierung, Sonderplazierung, Bündelungsplazierung, Aktionsartikel, effektive Plazierung von Abteilungen[238]) oder die Auswirkungen von Sortimentsbereinigungen auf den Absatz anderer Produkte abgeschätzt werden.[239]

Dafür werden Kundenbons analysiert und nach prägnanten Artikelbeziehungen gesucht. Alle wichtigen Elemente eines Bons, wie z.B. Datum, Zahlungsart, Artikelbezeichnung, Menge, Preis usw. sind für die Datenanalyse von Bedeutung. Eine Artikelbeziehung ist z.B. dann herausragend, wenn sie bei 1 Million Transaktionen 15.000-fach auftritt. Dieser Wert (1,5%) wird dann bei jeder Artikelkombination zusätzlich angegeben.[240]

„Der Bon als 'Stimmzettel des Konsumenten' erhält durch Data-Mining-Analysen eine völlig neue Bedeutung."[241]

Produkte, die sich häufig gemeinsam verkaufen, sollten demnach nicht aus dem Produktprogramm genommen werden und für bestimmte Kombinationen können spezielle Marketing-Aktionen gestartet werden, um neue Kunden zu gewinnen.[242]

Diese Fragen sind im Marketing von großer Bedeutung, wenn man bedenkt, daß 50-70% aller Kaufentscheidungen erst beim Einkaufen selbst getroffen werden.[243]

Bei der sequentiellen Mustererkennung tritt ja zu der erkannten Verbindung noch eine zeitliche Komponente hinzu. Eine erkannte Kaufsequenz (z.B. zwei Wochen nach dem Kauf einer Mikrowelle wird Mikrowellengeschirr gekauft) bietet eine gute Grundlage für Direkt-Mailing-Aktionen, die dann kurz vor dem Kaufzeitpunkt gestartet werden.[244]

Zudem geben Einkaufsmuster Hinweise für eine anstehende ausreichende Bevorratung abhängiger Artikel.[245]

Mit Hilfe des Clustering und der Klassenbeschreibung durch Regeln können z.B. wertvolle Kundenklassifikationen vorgenommen werden. Anhand des Umsatzanteils können die Kunden wie gewohnt in A-, B- und C-Kunden eingeteilt werden. Ein Konzept 'schlechte Kunden' könnte dann wie folgt aussehen:[246]

---

[238] vgl. Michels (1995), S. 38
[239] vgl. Bissantz u.a. (1996), S. 358
[240] vgl. Michels (1995), S. 38 ff
[241] ebenda, S. 38
[242] vgl. Bissantz und Küppers (1996b), S. 37
[243] vgl. Michels (1995), S. 37
[244] vgl. Bissantz und Küppers (1996b), S. 37
[245] vgl. Michels (1995), S. 41
[246] vgl. Bissantz und Hagedorn (1993), S. 484

Der Kunde ist ein C-Kunde.

Wenn DB < x_1, dann deckungsbeitragsschwacher Kunde.

Wenn Anzahl Reklamationen > x_2, dann Reklamierer.

Das Fazit könnte nun sein, schlechte Kunden nicht mehr zu beliefern, da sie dem Unternehmen schaden.

Ein weiteres interessantes Beispiel für wertvolle Kundenklassifikation stammt aus dem Bereich des Handels[247]:

In einem nicht näher beschriebenen Unternehmen wurde ein Kundentyp identifiziert, der freitags zwischen 16 und 18 Uhr sehr große Bons hinterließ, bestimmte Abteilungen durchlief und bevorzugt teure Artikel kaufte. Das Unternehmen kann dann durch vorbereitete Aktionen (z.B. Kassen, Service, Betreuung) dieses Kundenspektrum näher an sich binden.

Neben den Kassenbons können auch Umfrageergebnisse als Analysegrundlage herangezogen werden.

5.1.2 Controlling

Das Data Mining eignet sich hervorragend zur Auswertung in der Betriebsergebnisrechnung. Aufgrund der vielen Bezugsobjekte sind Verfahren gefragt, die selbständig Datenmuster auffinden. Solche Muster sind hier eine Kombination aus Merkmalsausprägungen und Kennzahlen:[248]

Das ideale Einsatzgebiet der Abweichungserkennung ist gerade die Datenanalyse auf der Basis von solchen Kennzahlenabweichungen.[249]

Wichtige betriebswirtschaftliche Kennzahlen sind u.a. Erlös, Menge, Preis, Deckungsbeitrag, Auftragsgröße und Herstellkosten.[250]

Beispiel:

Wenn Kundengruppe = Discounter und Artikel = Bohrmaschine HX7,

dann Deckungsbeitrag I niedrig = wahr mit Wahrscheinlichkeit = 0,9

---

[247] vgl. Michels (1995), S. 43

[248] vgl. Bissantz und Hagedorn (1993), S. 482

[249] vgl. Bissantz u.a. (1996), S. 353

[250] vgl. Bissantz (1996), S. 45

In der Betriebsergebnisrechnung können damit Fragen beantwortet werden wie z.B.:[251]

❒ Welche Produkt-Kunden-Kombinationen erwirtschaften negative DB ?

❒ Welche Ursachen tragen wie stark zu Erlösabweichungen bei ?

❒ Welche Auswirkungen haben GuV-Änderungen auf die Bilanz ?

❒ Warum kann es zu Abweichungen zwischen Budget und Ergebnis kommen ?

5.1.3 Bankwesen

Ebenfalls bestens geeignet ist das Data Mining im Bereich von Handel, Banken und Versicherungen. Hier liegen große, strukturierte Datenbestände vor und die EDV-Durchdringung ist mehr als zufriedenstellend.

Mit Hilfe der Entscheidungsregeln könnte z.B. die Kreditwürdigkeitsprüfung in einer Bank vorgenommen werden. Das Data-Mining-System stellt Regeln für die Kreditwürdigkeit auf, es können Klassifikationen vorgenommen werden, die man in ein Expertensystem übernehmen kann.[252]

Interessant ist das Data Mining auch für das Direkt Marketing einer Bank. Es kann herausgefunden werden, welche Kundengruppen am ehesten auf eine Werbeanschrift reagieren.

Dadurch lassen sich Versandkosten senken und die Zahl der antwortenden Kunden erhöhen. Untersuchungen zeigten, daß sich die Rücklaufquote um 25-50% verbesserte.[253]

Data Mining kann zudem für das *Financial Forcasting* eingesetzt werden. Obwohl umstritten, gibt es Data-Mining-Lösungen zur Kursprognose von Aktien und Wertpapieren.

Aber wegen der hohen potentiellen Geldgewinne an der Börse haben diese Prognoseverfahren große Resonanz erfahren. Die Schwierigkeit hier besteht jedoch darin, eine optimale mathematische Funktion zu finden, die die Kursentwicklung gut abbilden kann.[254]

---

[251] vgl. Bissantz und Hagedorn (1993), S. 482
[252] vgl. ebenda, S. 485
[253] vgl. Boehrer (1996), S. 34
[254] vgl. ebenda, S. 35 f

5.2 Von Informationen zu Wissen

Mit Hilfe von Data Mining ist es möglich, aus Rohdaten oder vorstrukturierten Daten wertvolle Informationen herauszufiltern. Diese Information ist von strategischer Bedeutung, stellt aber nicht immer Wissen dar. Letztendlich ist der Mensch gefragt, er muß aus der Fülle von Beziehungen und Verhaltensmustern die relevanten Aspekte herausziehen, geeignet interpretieren und präsentieren. Ziel ist es, aus der Fülle von Informationen das benötigte Wissen zu erhalten und darzustellen:

Abb. 22: Die KDD-Informationspyramide
(Quelle: Klösgen (1996), S. 175)

Data-Mining-Systeme operieren auf verschiedenen Informationsebenen, um aus Daten Wissen herauszufiltern. Elementare Data-Mining-Systeme werden den unteren Stufen zugeordnet, erst wenn sie sich sog. Discovery Methoden bedienen, kann angestrebt werden, Informationen abzuleiten, die als Wissen bezeichnet werden können.[255]

---

[255] vgl. Klösgen (1996), S. 174

„Von Wissen kann gesprochen werden, wenn Informationen so umgesetzt sind, daß sie eine verläßliche bzw. bewährte Basis für Entscheidungen (etwa im Sinne von Entscheidungsregeln, Entscheidungsgrundsätzen oder 'policies') bilden."[256]

Aus der Sicht des Entscheidungsträgers kann dieses Wissen in drei Kategorien eingeteilt werden. Man unterscheidet *Kennen-*, *Können-* und *Wollen-Wissen*.

Die Kategorie Wollen-Wissen besitzt eine Sonderstellung. Sie ist Grundlage für die Gewinnung von Erkenntnissen (Kennen) und Fähigkeiten bzw. Fertigkeiten (Können).[257]

Will man mit Hilfe von Data Mining schließlich Wissen gewinnen, muß ein wissensbasierter Prozeß mit Hilfe von Filterkriterien und Verfeinerungsprozeduren die potentiell interessanten Aussagen auswerten. Das bedeutet, das mit Hilfe von Expertensystemen, die in Data-Mining-Systemen integriert sind, die Neuheit einer Aussage im Vergleich zum bekannten Wissen des Benutzers und des Systems untersucht wird. Dies muß automatisch vom System geregelt werden.[258]

Darüberhinaus sind zur Auswertung der Ergebnisse menschliche Fähigkeiten, wie z.B. Intuition und Kreativität, gefragt. Erst durch die Kombination von Automatisierung und der Komponente Mensch sind höherwertige, strategisch bedeutsame Informationen im Sinne von Wissen möglich. Hierbei hat sich vor allem die Visualisierungstechnik hervorgetan, da der Mensch Informationen, wohldosiert, am besten visuell wahrnehmen kann.

---

[256] Zahn (1997), S. 4
[257] vgl. ebenda, S. 4
[258] vgl. Klösgen (1996), S. 175

6. Implementierung von Data Mining aus prozessualer Sicht

6.1 Mögliche Implementierungsstrategien

Bei jeder Implementierung muß dem Gedanken der Ganzheitlichkeit Rechnung getragen werden. Da jedoch Implementierungsprojekte für gewöhnlich sehr umfangreich und komplex sind, spielt die Komplexitätshandhabung des Gesamtprojekts eine bedeutende Rolle. Deshalb ist es sinnvoll, das gesamte Implementierungsvorhaben in kleinere Implementierungseinheiten zu unterteilen.

So kann in unserem Falle einerseits von Implementierungsmodulen (Welche Bausteine werden implementiert ?) und andererseits von sog. Implementierungssektoren (Wo wird implementiert ?) gesprochen werden.[259]

Anhand dieser Unterteilung können nun vier verschiedene Strategien der Implementierung unterschieden werden:

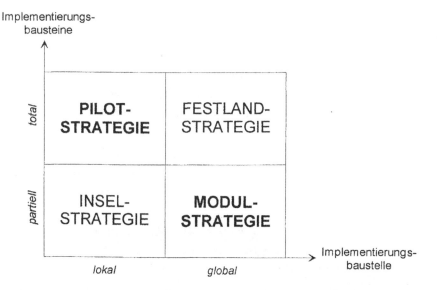

Abb. 23: Implementierungsstrategien
(Quelle: in Anlehnung an Reiß (1992), S. 152)

---

[259] vgl. Reiß (1992), S. 147 f

Die beiden Extremformen, *Insel- und Festlandstrategie*, sollten ausgeklammert werden. Zum einen fällt der Implementierungseffekt bescheiden aus, im anderen Fall entsteht eine unüberschaubare Großbaustelle, durch die das Tagesgeschäft vernachlässigt wird.

Zwischen den beiden anderen Strategien, *Pilot- und Modulstrategie*, kann nun abgewägt werden. Bei der Pilotstrategie werden alle Module in nur einem Teil des Unternehmens implementiert, sozusagen *total, aber nur lokal*. Bei der Modulstrategie wird nur ein Modul im gesamten Unternehmen implementiert, also *partiell, aber dafür global*.

Dafür müssen dann zunächst die zu implementierenden Module und die vorgesehenen Implementierungssektoren definiert werden.[260] Dies wird in Bezug auf Data Mining im Abschnitt 6.2.3 ausführlich dargestellt.

Für die Einführung von MIS kann eine allgemeine Checkliste aufgestellt werden, die bei jeder EDV-technischen Implementierung wertvolle Anhaltspunkte gibt:[261]

✓ Konsequentes Projektmanagement (Projektplan, Pflichtenheft usw.)

✓ Verankerung im Top-Management

✓ Akzeptanz bei den Benutzern herstellen

✓ Projektstand regelmäßig überprüfen und gegebenenfalls modifizieren

✓ Feststellungen und Vereinbarungen schriftlich fixieren und von den Betroffenen die Richtigkeit bestätigen lassen

✓ Permanentes Weiterentwickeln und Verbessern

✓ Zwischenergebnisse gemäß Projektplan regelmäßig vorstellen und Zustimmung einholen (Meilensteine!)

Schließlich ist auch der zu erwartende Erfolg einer Implementierung abzuschätzen. Das Problem dabei ist, ob eine Variablenänderung dem Implementierungsprozeß zugeordnet werden kann oder nicht.

Bei dieser Effizienzmessung kann zwischen einem objektiv meßbaren und einem nur subjektiv meßbaren Anteil unterschieden werden.

---

[260] vgl. Reiß (1992), S. 152 f
[261] vgl. Holtkamp (1996), S. 29

Die Beurteilung der *ökonomischen Effizienz* ist dabei mit quantitativen Meßmethoden machbar. Darunter fallen Kostenkriterien (z.b. Implementierungskosten, Beratungskosten, Schulungskosten), Produktivitätskriterien (z.b. Mengen- und Qualitätsveränderungen pro Zeiteinheit), Integrationskriterien (z.b. Planungs- und Koordinationsprozesse) und Flexibilitätskriterien (z.b. Durchlaufzeiten, Lieferfristen).

Die *soziale Effizienz* hingegen kann nur teilweise quantitativ festgestellt werden. Dies ist der Fall bei Einkommensänderungen oder Änderungen der Fluktuationsrate. Der andere Teil ist nur subjektiv meßbar, z.b. durch Interviews oder Beobachtungen. Dies ist der Fall bei Einstellungsänderungen, z.b. gegenüber den Vorgesetzten oder den Arbeitsbedingungen.

Der Aussagewert socher Untersuchungen steigt, wenn die gewonnenen Daten nach Personengruppen ausgewertet werden. Es kann zwischen Mitarbeiter-, Managementoder Kundenbefragungen unterschieden werden.[262]

Zusammenfassend läßt sich also sagen, daß dem Risiko einer Implementierung, wie z.b. interner Nichtakzeptanz, die Chance entgegensteht, durch diese Innovation die Wettbewerbsfähigkeit des Unternehmens zu steigern. Dies ist bei Data Mining im besonderen der Fall.

---

[262] vgl. Reiß (1992), S. 158 f

6.2 Implementierung von Data Mining

Insgesamt betrachtet ist die Einführung von Data Mining ein iterativer Prozeß, d.h. man geht Schritt für Schritt vor, um dann schließlich dem gewünschten Zustand immer näher zu kommen. Am Ende muß dann eine spürbare Erfolgssteigerung zu Buche stehen. Die Implementierung ist also evolutionär und wird nie abgeschlossen sein. Sie sollte ständig an die technischen und wirtschaftlichen Veränderungen angepaßt werden.[263]

Die Implementierung von Data Mining kann dem Bereich des *Software-Engineering*[264] zugeordnet werden. Hier hat man es mit einer Kombination von Systemplanung und Projektmanangement zu tun. Im Rahmen der Data-Mining-Implementierung ist es deshalb auch sinnvoll, sich an ein Phasenmodell aus dem Projektmanagement zu halten:

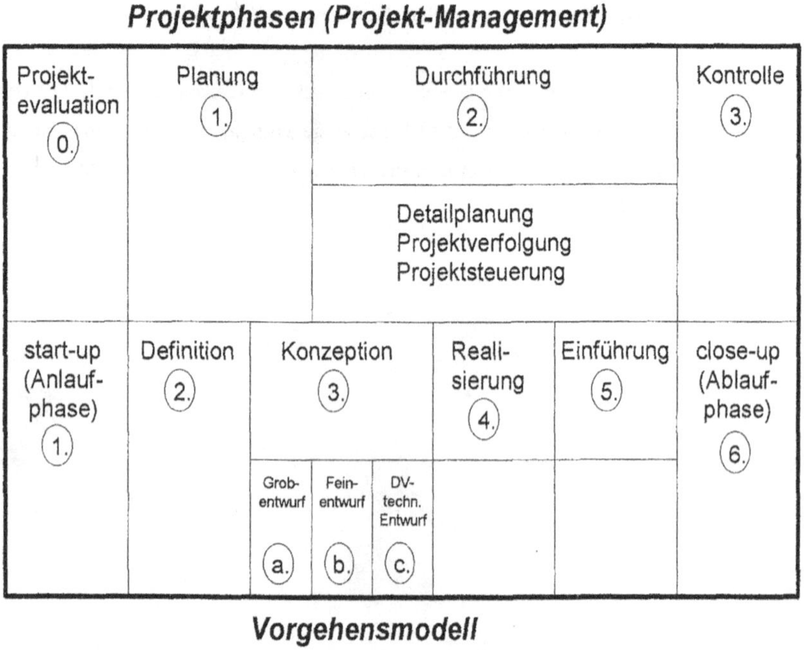

Projektphasen (Projekt-Management)

Projekt-evaluation (0.)	Planung (1.)	Durchführung (2.)				Kontrolle (3.)
		Detailplanung Projektverfolgung Projektsteuerung				
start-up (Anlauf-phase) (1.)	Definition (2.)	Konzeption (3.)		Reali-sierung (4.)	Einführung (5.)	close-up (Ablauf-phase) (6.)
		Grob-entwurf (a.)	Fein-entwurf (b.)	DV-techn. Entwurf (c.)		

Vorgehensmodell

Abb. 24: Phasenmodell der Anwendungsentwicklung
(Quelle: in Anlehnung an Heilmann (1995b), S. 1.26)

---

[263] vgl. Bissantz und Küppers (1996a), S. 33
[264] vgl. Heilmann (1995a), S. 1.9

Die Vorteile einer Einteilung in Projektphasen sind einleuchtend. Zum einen dient das Phasenmodell der Komplexitätsreduktion, zum anderen wird die Überprüfung von Zwischenergebnissen (Meilensteine) möglich. Außerdem ist ein frühzeitiges Erkennen von Abweichungen garantiert.[265] Es müssen jeweils jeder Phase die Aufgaben, Aufgabenträger, Hilfsmittel und Phasenergebnisse zugeordnet werden. Phasenübergänge sind jeweils Meilensteine, die zur Kontrolle des Projektfortschritts herangezogen werden. Allerdings wird das Phasenmodell nicht notwendigerweise streng sukzessiv durchlaufen. Es kann zu Überlappungen oder Rückkopplungen kommen.[266] Im folgenden wird nun die Implementierung von Data Mining gemäß dem diskutierten Phasenmodell dargestellt.

6.2.1 start-up (Anlaufphase)

In dieser ersten Phase, auch Vorstudie genannt, wird versucht, sich grundlegend dem Gesamtproblem zu nähern. Dazu gehören folgende Vorüberlegungen:

Ziele: Warum will ich Data Mining implementieren ?

Was will ich mit Data Mining erreichen (Analyseziele) ?

Was kann Data Mining ?

Eignet sich Data Mining für unser Unternehmen ?

Alternativen: Gibt es Analysealternativen ?

Wie sieht ein Vergleich aller Alternativen aus ?

Ist der Einsatz von Data Mining gerechtfertigt ?

Machbarkeit: Sind die erforderlichen Ressourcen vorhanden ?

(Personal, Finanzen, know-how usw.)

Wie sind die DV-technischen Voraussetzungen ?

(Datenbasis, Vernetzung, HW/SW usw.)

Wirtschaftlichkeit: Kosten-/Nutzenabwägung aller möglichen Alternativen

---

[265] vgl. Heilmann (1995a), S. 1.13
[266] vgl. ebenda, S. 1.13

In der Anlaufphase steht bei der Implementierung von Data Mining die Frage im Vordergrund, ob sich die Einführung überhaupt lohnt und wann die Erfolgschancen von Data Mining besonders groß sind. Gute Voraussetzungen sind vorhanden, falls einige der folgenden Aspekte zutreffen:[267][268]

❏ Es fallen große Datenmengen an

❏ Die EDV-Durchdringung im Unternehmen ist ausreichend groß

❏ Die Qualität der Datenbasis ist hinreichend (im besten Falle ein Data Warehouse)

❏ Die Analyseprobleme sind komplex:

    ❏ Sie weisen viele potentielle relevante Variablen auf

    ❏ Es bestehen mehrdimensionale Beziehungen zwischen den Variablen

    ❏ Die Datenteilgruppen sind heterogen

    ❏ Sie sind nicht durch disaggregierte Tabellen zu lösen

    ❏ Bewährte (statistische) Modelle versagen

    ❏ Es sind überraschende und interessante Resultate zu erwarten

❏ Es werden wissensbasierte Entscheidungen im Unternehmen benötigt

❏ Eine richtige Entscheidung auf Basis der Datenanalyse hat strategische Bedeutung

Diese Überlegungen zum beabsichtigten Projekt führen gegebenenfalls zum Projektantrag. Wird dieser von der beauftragten Stelle genehmigt, folgt die nächste Phase im Phasenmodell.

6.2.2 Definition

In der Definitionsphase werden die Projektanforderungen zusammengestellt, man nennt diese Aufgabe auch *requirements engineering*. Es werden die Projektinhalte definiert und eine Soll-Ist-Analyse durchgeführt, d.h. man vergleicht den Ausgangszustand mit dem gewünschten Zielzustand. Alle Anforderungen werden schließlich im sog. *Pflichtenheft* zusammengestellt.[269]

Für die Einführung von Data Mining spielt hier vor allem die Überprüfung der Datenbasis im Rahmen des Soll-Ist-Vergleichs eine wichtige Rolle.

---

[267] vgl. Klösgen (1996), S. 173
[268] vgl. Brachman u.a. (1996), S. 48
[269] vgl. Heilmann (1995a), S. 1.15

Sie sollte schon vor dem Analysestart mit Data Mining eine sog. Data-Mining-Qualität[270] besitzen, d.h. die Daten müssen erfaßt, harmonisiert und vorbereitet sein. Ein Data Warehouse ist für den Einsatz von Data Mining nicht zwingend notwendig. In größeren Unternehmen allerdings ist ein DW schon häufiger installiert. Ist dies nicht der Fall, kann die Implementierung eines DW in Betracht gezogen werden.

6.2.3 Konzeption

Die Konzeptionsphase dient dazu, das Projekt schrittweise zu detaillieren. Dabei ist es wichtig, alle Einzelphasen ausreichend zu dokumentieren.

Ein vorläufiger Grobentwurf, in dem u.a. Schnittstellen und Benutzeranforderungen definiert werden, wird zu einem Feinentwurf konkretisiert. Hier müssen fachliche Details geklärt werden, der Hilfsmittelbedarf und die Schnittstellen werden detaillierter definiert. Schließlich muß ein DV-technischer Entwurf erarbeitet werden, in dem die Umsetzung möglichst korrekt, effizient, wartungs- und änderungsfreundlich dargestellt ist.[271]

In der Konzeptionsphase muß auch die Implementierungsstrategie festgelegt werden. Man könnte sich, wie schon im vorigen Abschnitt dargestellt wurde, zwischen einer Pilot- und einer Modulstrategie entscheiden.

Darüberhinaus müssen die Implementierungssektoren und -module definiert werden, d.h. es werden zum einen die Unternehmensbereiche, in denen Data Mining eingeführt werden soll, und zum anderen die einzelnen zu implementierenden Data-Mining-Anwendungen konkretisiert. Dies hilft, das Gesamtprojekt zu strukturieren und die Komplexität zu reduzieren.

Ein Beispiel für die Data-Mining-Implementierung soll wie folgt aussehen. Data Mining wird in einem größeren Unternehmen eingeführt.

Als geeignete Unternehmensbereiche haben sich vor allem Marketing, Controlling und Finanzen hervorgetan. Hier fallen große Datenmengen an, die EDV-Durchdringung ist groß und die Erfahrung hat schon gezeigt, daß hier interessante Data-Mining-Lösungen zu erwarten sind. Sonstige Unternehmensbereiche, wie z.B. Personal oder Produktion, werden im ersten Schritt noch nicht näher betrachtet.

---

[270] vgl. Bissantz und Küppers (1996a), S. 33
[271] vgl. Heilmann (1995a), S. 1.17

Die einzelnen Data-Mining-Anwendungen werden, siehe dazu auch Abschnitt 4.3.2, nach den Analysezielen unterschieden, d.h. die abzugrenzenden Implementierungsmodule sind Clustering/Segmentierung, Klassifikation, Verbindungserkennung und Abweichungserkennung.

Die folgende Abbildung zeigt nun, wie eine Pilot- und eine Modulstrategie aussehen könnten. Die Inhalte in den Kästchen stellen nur Beispiele dar, was mit den einzelnen Modulen in den verschiedenen Sektoren möglich ist.

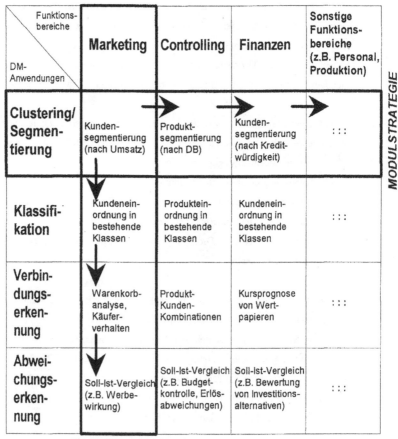

Abb. 25: Pilot- versus Modulstrategie

Bei der Pilotstrategie muß zunächst der Startsektor definiert werden, im Beispiel ist dies der Unternehmensbereich Marketing. Hier werden nun alle Implementierungsmodule eingeführt, die Abteilung Marketing ist sozusagen die Pilotabteilung.

Nach und nach werden dann alle Data-Mining-Anwendungen in den anderen Abteilungen Controlling, Finanzen usw. implementiert.

Im strengen Idealfall geht man erst zur nächsten Abteilung über, wenn die Implementierung in einer Abteilung vollständig abgeschlossen ist. Allerdings sind hier auch Überlappungen denkbar.

Bei der Modulstrategie wird zunächst das Startmodul definiert, im Beispiel ist dies das Clustering. Man implementiert diese Data-Mining-Anwendung in allen vorgesehenen Unternehmensbereichen. Nach und nach werden dann die anderen Data-Mining-Anwendungen in allen Sektoren eingeführt.

Im strengen Idealfall ist die Implementierung eines Moduls erst dann abgeschlossen, wenn es unternehmensweit eingeführt ist. Allerdings sind auch hier Überlappungen denkbar.

6.2.4 Realisierung

In dieser Phase steht die eigentliche Systemimplementierung im Vordergrund. EDV-Spezialisten werden damit betraut, alle DV-technischen Voraussetzungen in die Tat umzusetzen. Dabei sind neben den softwarebezogenen auch die hardwaretechnischen Grundlagen zu schaffen. Diese Phase endet damit, daß die Datenanalysen positiv abgeschlossen werden. Erst nach vollständiger Dokumentation und erfolgreichem Abnahmetest sollte mit der Einführungsphase begonnen werden.[272]

Bei der Implementierung eines Data-Mining-Moduls kann dabei in vier Schritten vorgegangen werden:

Der *erste Schritt* beinhaltet die Aufbereitung der Daten. Die Original-Datenbank wird an die Analyseanforderungen angepaßt.

Im *zweiten Schritt* werden die aufbereitete Daten ins Data-Mining-System importiert. Da die ursprünglichen Daten unverändert bleiben sollten, bietet es sich an, ein zusätzliches Analyse-File zu generieren. Bei weiteren Analysen kann wieder auf diese Zwischendatei zurückgegriffen werden.

---

[272] vgl. Heilmann (1995a), S. 1.20

Im *dritten Schritt* muß das Data-Mining-System konfiguriert werden. Dazu gehören die Haupteinheit Steuerung und die Wissensbasis. Diese muß mit dem benötigten Expertenwissen gefüllt werden. Desweiteren werden Tools zur Fokussierung und Bewertung ausgewählt. Darüberhinaus muß die Schnittstelle zur Datenbank konzipiert werden. Die für die Analysezwecke notwendigen Algorithmen müssen selektiert und implementiert werden. Schließlich sind Tools zur Ergebnispräsentation einzurichten.

Im *vierten und letzten Schritt* beginnt man mit der eigentlichen Analyse der Daten. Je nachdem welches Analysemodul implementiert werden soll, startet man mit einer Segmentierung, einer Klassifikation, einer Verbindungserkennung oder einer Abweichungserkennung.

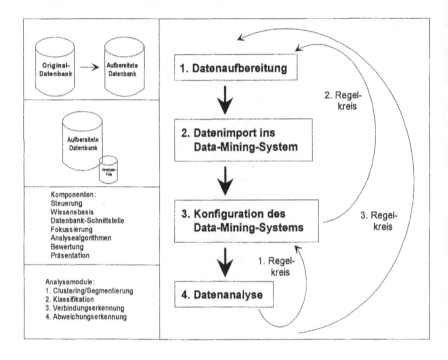

Abb. 26: Implementierung eines Data-Mining-Moduls

Der *erste Regelkreis* bezieht sich auf die Wiederholung einer Datenanalyse. Bei einer solchen mehrfachen Analyse müssen die Vorbereitungsschritte nicht noch einmal durchlaufen werden.

Der *zweite Regelkreis* betrifft die schrittweise Konfiguration des Data-Mining-Systems. Dabei werden die ersten drei Schritte teilweise und sukzessiv durchgeführt, d.h. es kann schon nachdem ein Teil der Daten aufbereitet wurde der Datenimport und die Systemkonfiguration gestartet werden. Das endgültige Data-Mining-System entsteht sukzessiv. Der *dritte Regelkreis* bezieht sich auf die sukzessive Implementierung eines Data-Mining-Moduls. Ist ein Analysemodul installiert, kann wieder von vorne mit dem nächsten Modul begonnen werden.

6.2.5 Einführung

Ziel dieser Phase ist es, das Data-Mining-System in den laufenden Betrieb zu übernehmen und eine breitere Benutzerbasis zu schaffen.

Die Datenbasis muß allen Benutzern zugänglich sein, Geräte werden installiert, das Personal wird eingewiesen, das System wird formell mit Übergabeprotokoll übergeben. Sind einmal alle Data-Mining-Anwendungen implementiert, kann für die weiteren Analysen auf geleistete Vorarbeit, z.B. ein Analyse-File, zurückgegriffen werden. Mit mehrmaliger Durchführung einer Data-Mining-Anwendung steigen Routine und Erfahrungswissen. Nach einer gewissen Nutzungszeit kann die Einführung mittels Befragungen bewertet werden. Auch hier sollte eine gute Dokumentation geführt werden.

6.2.6 close-up (Ablaufphase)

In der Ablaufphase sollte der Betrieb überwacht werden. Treten Fehler während der Systemnutzung auf, sind diese zu beheben.

Wie schon erwähnt ist ein Data-Mining-System nie vollendet. Es muß ständig an neue Anforderungen angepaßt werden. Dazu zählen u.a. die Benutzeroberfläche, Analysealgorithmen, die Präsentationskomponente oder die Erweiterung der Wissenbasis. Im Mittelpunkt des Interesse sollte jedoch ein gutes Antwortzeitverhalten stehen.

Zudem befindet sich Data Mining selbst noch in der Entwicklung. Das bedeutet, daß immer neuere Versionen von vielen verschiedenen Herstellern auf den Markt kommen werden. Hier gilt es, das bestehende Data-Mining-System technisch und ökonomisch sinnvoll zu erweitern. Dazu gehört auch die Implementierung neuer Data-Mining-Anwendungen.

7. Kritische Würdigung

7.1 Grenzen des Data Mining

Mit der Entwicklung von Data Mining wurden wieder einmal viele Erwartungen geschürt, wie es in der Geschichte der MIS schon häufig der Fall war. Das hehre Ziel der *Information auf Knopfdruck* sollte doch nun endlich in die Realität umgesetzt werden. Doch auch dieser neuen Euphorie muß mit Zurückhaltung entgegengesehen werden.

Die Unternehmensdaten müssen zunächst auf den Kopf gestellt werden, was in den USA ja auch bezeichnenderweise als *Datenschrubben* bezeichnet wird.

Der Aufbau einer geeigneten Datenbasis, im Idealfall ein Data Warehouse, ist zeit- und kostenintensiv. Auch das Gesamtprojekt der Data-Mining-Implementierung ist langfristig und ressourcenintensiv. Darüberhinaus hat Data Mining schon jetzt viele Facetten, deshalb ist der Vorstudie im Data-Mining-Projekt große Bedeutung zuzumessen. Es muß schon im Vorfeld genau gekärt sein, ob sich Data Mining für ein Unternehmen lohnt und welche Data-Mining-Anwendungen implementiert werden sollen.

Wird das Projekt jedoch strategisch angesetzt, im Top-Management verankert und die Benutzerakzeptanz sichergestellt, kann Data Mining für Unternehmen, die die genannten Voraussetzungen erfüllen, strategisch wichtig werden.

Allerdings muß dabei bedacht werden, daß es mit Data-Mining-Systemen zwar möglich ist, unerkannte Zusammenhänge in großen Datenmengen automatisiert zu ermitteln, was diese Systeme allerdings nicht leisten können, „ist die Analyse unserer Interessensmuster, um daraus die für uns selbst wichtigen Fragen abzuleiten. Diese Arbeit müssen wir schon selbst leisten.“[273]

Somit bleibt die Forderung, das Wissen aus dem Bereich der Expertensystemforschung und der Künstlichen Intelligenz allgemein mehr zu nutzen.

Die Ergebnisse, die von Data-Mining-Systemen geliefert werden, bedürfen der Interpretation und werden deshalb noch eher in die frühen Phasen des Entscheidungsprozesses eingeordnet.[274]

---

[273] Höschel (1996), S. 43
[274] vgl. Zahn (1997), S. 56

7.2 Ausblick

Data Mining ist eine noch junge Technologie und es sind bei weitem noch nicht alle Aspekte erforscht. Deshalb existieren noch verschiedene *Herausforderungen*, die es zu lösen gilt.[275]

Data-Mining-Systeme müssen noch einfacher zu bedienen sein, damit jeder der einen Nutzen aus dieser Anwendung ziehen kann, sie auch einsetzen und die Ergebnisse beurteilen kann.

Zudem ist, wie schon erwähnt, die Nachbildung und Integration von Expertenwissen noch nicht ausreichend umgesetzt. Es werden immer noch zu viele triviale Aussagen und Ergebnisse präsentiert, die das Antwortzeitverhalten natürlich verschlechtern.

Letztendlich können sich sowieso nur solche Data-Mining-Systeme durchsetzen, die befriedigende Antwortzeiten erreichen. Das Antwortzeitverhalten ist das wichtigste Akzeptanzkriterium schlechthin.

Desweiteren werden im Rahmen des Data Mining immer Annahmen getroffen, die das Ergebnis verfälschen oder zumindest den Gültigkeitsbereich einschränken können. Diese Auswirkungen müssen vor dem Einsatz ermittelt werden.

In realen Datenbanken ist die Datenqualität noch immer oft ernüchternd. Falsche Daten, fehlende Daten usw. sind Herausforderungen, mit denen die zukünftigen Data-Mining-Methoden umgehen müssen.[276]

Zudem sind die herkömmlichen Methoden des Data Mining noch nicht in der Lage, die Möglichkeiten relationaler oder objektorientierter Datenbanken vollständig auszunutzen. Ein weiteres sehr interessantes Forschungsgebiet ist die Analyse von Multimedia-Datenbanken. Somit bleibt auch im Bereich der Datenbanktechnologie noch viel zu entwickeln, um Data Mining zu perfektionieren.[277]

Mit den Methoden des Data Mining wurden schon jetzt vielversprechende Ergebnisse erzielt, für bestimmte Anwendungen kann sogar gesagt werden, daß sie sich bereits in der Datenanalyse etabliert haben. Auf der breiten Basis allerdings müssen sie sich erst noch bewähren.[278]

---

[275] vgl. Bissantz und Küppers (1996b), S. 38
[276] vgl. ebenda, S. 38
[277] vgl. Bissantz und Hagedorn (1996), S. 486
[278] vgl. Bissantz und Küppers (1996b), S. 38

Grundvoraussetzung für den sicheren Erfolg von Data Mining ist eine konsistente Datenbasis, wie sie im besten Falle in einem Data Warehouse zur Verfügung gestellt wird.

Die folgende Abbildung zeigt, daß die Implementierung von Data Warehouses in Deutschland zwar voranschreitet, aber immer noch am Anfang der Entwicklung steht. Data Warehouses werden vor allem da eingesetzt, wo man nahe am Kunden ist und mit dem Kunden arbeitet.

In Deutschland werden Data Warehouses vor allem im Controlling erfolgreich verwendet und im Vergleich zur USA noch deutlich weniger im Vertrieb.[279]

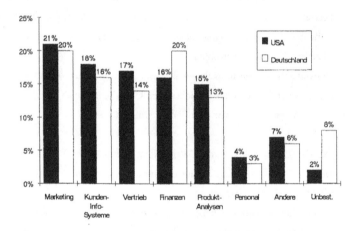

Abb. 27: Geschäftsbereiche für Data Warehouse Projekte
(Quelle: Martin (1996), S. 34)

---

[279] vgl. Martin (1996), S. 34

Die Entwicklung betrieblicher Informationssysteme begann schon in der 60er Jahren und schreitet immer noch weiter fort. Data Mining wird in dieser Entwicklungslinie mit Sicherheit nicht der Endpunkt sein.

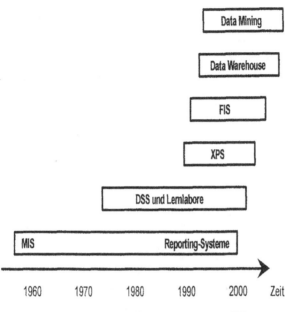

Abb. 28: Entwicklungslinie von MUS
(Quelle: nach Hansen (1996), S. 299)

Die anfallenden Datenmengen werden weiter steigen und die Unternehmensumwelt wird noch komplexer werden. In Zukunft wird nicht mehr die Tatsache entscheidend sein, mit dieser großen Informationsmenge zurechtzukommen, sondern die Qualität der abgeleiteten Entscheidungen unterscheidet ein gutes Informationssystem von einem schlechten.

Somit sollte die Qualität der Entscheidungsprozesse selbst Gegenstand der Entscheidungsunterstützung werden, so wie dies bereits heute in den sog. Lernlaboren der Fall ist.

In Zukunft müssen betriebliche Informationssysteme auch in der Lage sein, neben den individuellen Lernprozessen auch die organisationalen zu unterstützen.[280]

---

[280] vgl. Zahn (1997), S. 56

Um diese Forderungen zu realisieren, ist es wiederum wichtig, in Zukunft das Wissen aus der Expertensystemforschung (XPS) noch mehr in die Data-Mining-Forschung miteinzubeziehen. Gerade auf dem Gebiet der Künstlichen Intelligenz sind noch viele interessante Forschungsergebnisse zu erwarten.

Dadurch wird es möglich, die Entscheidungen mehr und mehr vom Erfahrungswissen der Führungskräfte zu entkoppeln und den Entscheidungsunterstützungsprozess mehr und mehr zu autonomisieren.

Glossar

Data Marts

Spezielle, zweckbezogene Untermenge der zentralen DW-Datenhaltung. Für spezifische Funktionen oder Applikationen angelegt. Für erste DW-Projekte im Unternehmen wird ein Einstieg mit einem Data Mart auf Abteilungsebene empfohlen.

Data Mining

Suche nach noch unbekannten Zusammenhängen in Unternehmensdaten für die Lösung von Geschäftsproblemen. Dies erfolgt toolgestützt, aber gewöhnlich nicht völlig automatisiert.

Data Warehouse

Themenspezifische, konsistente Datensammlung als Basis dispositiver Entscheidungen. Ein DW ist kein System, sondern ein Prozeß. Dieser Prozeß besteht aus der Speicherung der entscheidungsrelevanten Daten und aus dem optimalen Zugriff darauf. Der Begriff wurde 1992 von Bill Inmon kreiert. Demnach ist ein DW themenorientiert, integriert, zeitbezogen und dauerhaft.

Drill-down

Beim OLAP eingesetzter Navigationsprozeß, der es dem Benutzer ermöglicht, innerhalb eines Dateisatzes kleinere Detailebenen zu öffnen (z.B. bis hinunter zu produkt-, verkäufer- oder regionsbezogenen Umsätzen)

Drill-up

Entgegengesetzter Navigationsprozeß. Der Benutzer bewegt sich in die andere Richtung, größeren Aggregationsebenen zu.

ID 3

Bekanntestes Entscheidungsbaumverfahren, stammt von der Firma Quinlan. Die aktuelle Programmversion heißt C 4.5/ID 3.

MQE   Berichtswerkzeug zur Durchführung von Ad-hoc-Abfragen und einfachen mehrdimensionalen Analysen.

OLAP   Von O.J. Codd in Form von 12 Regeln vorgestelltes Konzept. OLAP ist ein Werkzeug zur Durchführung mehrdimensionaler Analysen auf der Basis von multidimensionalen (MOLAP) oder auch relationalen Datenbanken (ROLAP).

Slice & dice   OLAP ermöglicht es, Informationen in Würfel und Schichten zu zerlegen. Dabei ist es möglich, einen Ausschnitt aus dem Würfel zu schneiden (slice) oder den Würfel zu drehen (dice). So kann der Benutzer verschiedene Fragestellungen zu den enthaltenen Informationen einfacher lösen (z.B. Welche Produktreihe war im letzten Quartal in welcher Region am erfolgreichsten ?).

Expertensysteme (XPS)   Wissensbasiertes Informationssystem, das bereichsspezifisches Wissen eines Experten beinhaltet und einem Anwender in einer benutzernahen und erklärenden Form zur Verfügung stellt.

Literaturverzeichnis

Ackoff, R.L. (1967), Management Misinformation Systems, in: Management Science, Bd. 14, 4, 1967, S. 147 - 156

Adriaans, P. und Zantinge, D. (1996), Data Mining, Harlow 1996

Bahr, D. (1997), Intranet-Server wandelt Daten in Informationen, in: Office Management, Nr. 2, 1997, S. 17 - 20

Bauer, S. und Winterkamp, T. (1996), Relationales OLAP versus Mehrdimensionale Datenbanken, in: Hannig, U. (Hrsg., 1996), S. 45 - 53

Bea, F.X., Dichtl, E., Schweitzer, M. (Hrsg., 1993), Allgemeine Betriebswirtschafts-lehre, 6. Auflage, Stuttgart, Jena, 1993

Behme, W. (1996), Das Data Warehouse als zentrale Datenbank für Managementinfor-mationssysteme, in: Hannig, U. (Hrsg., 1996), S. 13 - 22

Bissantz, N. (1996), Data Mining im Controlling. Teil A: Clusmin - Ein Beitrag zur Analyse von Daten des Ergebniscontrollings mit Datenmustererkennung (Data Mining), Dissertation an der Universität Erlangen-Nürnberg, Erlangen 1996

Bissantz, N., Hagedorn, J. und Mertens, P. (1996), Data Mining als Komponente eines Data-Warehouse, in: Mucksch, H. und Behme, W. (Hrsg., 1996), S.337 - 368

Bissantz, N. und Küppers, B. (1996a), Dem Wissen auf der Spur, in: PC Magazin, Nr. 44, 1996, S. 30 - 33

Bissantz, N. und Küppers, B. (1996b), Auf der Suche nach verborgenen Schätzen, in: PC Magazin, Nr. 34, 1996, S. 36 - 38

Bissantz, N. und Hagedorn, J. (1993), Data Mining (Datenmustererkennung), in: Wirt-schaftsinformatik, 35, Nr. 5, 1993, S. 481 - 487

Boehrer, D. (1997), Data Warehouse und Data Mining: Wie Banken strategische Infor-mationen aus ihren Daten entdecken können, Bern, Stuttgart, Wien 1997

Brachman, R.J., Khabaza, T., Kloesgen, W., Piatetsky-Shapiro, G. und Simoudis, E. (1996), Mining Business Databases, in: Communications of the ACM, Vol. 39, Nr. 11, 1996, S. 42 - 48

Bullinger, H.J. (Hrsg., 1995), Data Warehouse und seine Anwendungen - Data Mining, OLAP und Führungsinformationen im betrieblichen Einsatz, Stuttgart 1995

Bullinger, H.J., Fähnrich, K.P., van Hoof, A. und Nøstdal, R. (1995), Produktivitätsfaktor Information: Data Warehouse, Data Mining und Führungsinformationen im betrieblichen Einsatz, in: Bullinger, H.J. (Hrsg., 1995), S. 11 - 30

Degenhardt, J. (1996), Datenmanagement durch objekt-relationale Datenbanken, in: Hannig, U. (Hrsg., 1996), S. 227 - 235

Diercks, J. (1996a), Bestens im Bilde - Vom Datengrab zur sprudelnden Informations-quelle, in: iX-Magazin, Nr. 4, 1996, S. 122 - 128

Diercks, J. (1996b), Unbegrenzte Dimensionen - Neue Datensichten mit OLAP, in: iX-Magazin, Nr. 4, 1996, S. 122 - 128

Driesen, W.D. (1996), Data Warehouse in der öffentlichen Verwaltung, in: Office Management, 3, 1996, S. 36 - 39

Engels, E.J. (1996), Multidimensionalität ist gar nicht so schwer, in: it-Management, Nr. 07/08, 1996, S. 10 - 16

Fayyad, U.M., Haussler, D. und Stolorz, P. (1996a), Mining Scientific Data, in: Communications of the ACM, Vol. 39, Nr. 11, 1996, S. 51 - 57

Fayyad, U.M., Piatetsky-Shapiro, G. und Smyth, P. (1996b), The KDD Process for Extracting Useful Knowledge from Volumes of Data, in: Communications of the ACM, Vol. 39, Nr. 11, 1996, S. 27 - 34

Fayyad, U.M., Piatetsky-Shapiro, G. und Smyth, P. (1996c), From Data Mining to Knowledge Discovery: An Overview, in: Fayyad, U.M. u.a. (Hrsg., 1996), S. 1 - 34

Fayyad, U.M., Piatetsky-Shapiro, G., Smyth, P., Uthurusamy, R. (Hrsg., 1996), Advances in Knowledge Discovery and Data Mining, Menlo Park 1996

Fayyad, U.M. und Uthurusamy, R. (1996), Data Mining and Knowledge Discovery in Databases, in: Communications of the ACM, Vol. 39, Nr. 11, 1996, S. 24 - 26

Flade-Ruf, U. (1996), Data Warehouse - nicht nur etwas für Großunternehmen, in: Hannig, U. (Hrsg., 1996), S. 25 - 31

Fröhlich, K. (1996), Bergwerke an Informationen, in: PC Magazin, Nr. 44, 1996, S. 38 - 41

Gilmozzi, S. (1996), Data Mining - Auf der Suche nach dem Verborgenen, in: Hannig, U. (Hrsg., 1996), S. 159 - 171

Glymour, C., Madigan, D., Pregibon, D. und Smyth, P. (1996), Statistical Inference and Data Mining, in: Communications of the ACM, Vol. 39, Nr. 11, 1996, S. 35 - 41

Hagedorn, J. (1996), Data Mining im Controlling. Teil B: Die automatische Filterung von Controlling-Daten unter besonderer Berücksichtigung der Top-Down-Navigation (Betrex II), Dissertation an der Universität Erlangen-Nürnberg, Erlangen 1996

Hannig, U. (Hrsg., 1996), Data Warehouse und Managementinformationssysteme, Stuttgart 1996

Hannig, U. (1996), Unterstützung für die Entscheider, in: PC Magazin, Nr. 34, 1996, S. 22 - 24

Hannig, U. und Schwab, W. (1996), Data Warehouse und Managementinformationssysteme, in: Hannig, U. (Hrsg., 1996), S. 1 - 10

Hansen, H.R. (1992), Wirtschaftsinformatik I, 6. Auflage, Stuttgart, Jena, 1992

Hansen, H.R. (1996), Wirtschaftsinformatik I, 7. Auflage, Stuttgart, Jena, 1996

Hansen, W.R. (1996), Auf dem Weg zum Warehouse, in: PC Magazin, Nr. 44, 1996, S. 25 - 27

Hansen, W.R. (1995), Das Data Warehouse - Lösung zur Selbstbedienung der Anwender, in: Bullinger, H.J. (Hrsg., 1995), S. 33 - 48

Heilmann, H. (1995a), Gestaltung von Informations- und Kommunikationssystemen, Vorlesungsskript des Instituts für Wirtschaftsinformatik der Universität Stuttgart, SS 1995, Stuttgart 1995

Heilmann, H. (1995b), DV-Projektmanagement, Vorlesungsskript des Instituts für Wirtschaftsinformatik der Universität Stuttgart, SS 1995, Stuttgart 1995

Heilmann, H. (1994), Einführung in die Wirtschaftsinformatik, Vorlesungsskript des Instituts für Wirtschaftsinformatik der Universität Stuttgart, SS 1994, Stuttgart 1994

Heilmann, H. (1993), Informationsmanagement, Vorlesungsskript des Instituts für Wirtschaftsinformatik der Universität Stuttgart, WS 1993/94, Stuttgart 1993

Heinrich, L.J. (1992), Informationsmanagment: Planung, Überwachung und Steuerung der Informations-Infrastruktur, 4. Auflage, München, Wien, 1992

Hoch, D.J. und Schirra, W. (1993), Entwicklung der Informationstechnologie - Management des Wandels in einer Zeit des Paradigmenwechsels, in: Scheer, A.W. (Hrsg., 1993), S. 3 - 47

Höschel, H.P. (1996), Erfolgreiche Suche im Data Warehouse, in: PC Magazin, Nr. 7, 1996, S. 42 - 45

Hollmann, R. (1996), Kaufhausrausch - Der Markt für Data Warehouses in Deutschland, in: Datacom Special, 3, 1996, S. VIII - IX

Holthuis, J., Mucksch, H. und Reiser, M. (1995), Das Data Warehouse-Konzept, Arbeitsbericht des Lehrstuhls für Informationsmanagement und Datenbanken, European Business School, Oestrich-Winkel 1995

Holtkamp, W. (1996), Klarer Nutzen für die Endanwender, in: PC Magazin, Nr. 34, 1996, S. 28 - 29

Imielinsky, T. und Mannila, H. (1996), A Database Perspective on Knowledge Discovery, in: Communications of the ACM, Vol. 39, Nr. 11, 1996, S. 58 - 64

Inmon, W.H. (1996), The Data Warehouse and Data Mining, in: Communications of the ACM, Vol. 39, Nr. 11, 1996, S. 49 - 50

Inmon, W.H. und Hackathorn, R.D. (1994), Using the Data Warehouse, Wellesly 1994

Inmon, W.H. (1992), Building the Data Warehouse, Wellesly 1992

Jahnke, B., Groffmann, H.D. und Kruppa, S. (1996), On-Line Analytical Processing (OLAP), in: Wirtschaftsinformatik, 38, Nr. 3, 1996, S. 321 - 324

Kelm, J. (1996), Data Mining Suchverfahren am Anwendungsbeispiel 'Versicherungen', Diplomarbeit Nr 1336 an der Fakultät Informatik der Universität Stuttgart, Stuttgart 1996

Klösgen, W. (1996), Aufgaben, Methoden und Anwendungen des Data Mining, in: Hannig, U. (Hrsg., 1996), S. 173 - 191

Kriegel, H.P. und Keim, D.A. (1996), Visualisierung großer Datenbanken, in: Hannig, U. (Hrsg., 1996), S. 203 - 212

Marcotorchino, F. (1995), Status, Research and Development in Data Mining within IBM Europe, in: Bullinger, H.J. (Hrsg., 1995), S. 79 - 93

Marenbach, M. und Schallenmüller, S. (1996), Daten nach Wunsch auf dem Desktop, in: PC Magazin, Nr. 34, 1996, S. 26 - 27

Martin, W. (1996), Data Warehousing - Den Kunden besser verstehen, in: Hannig, U. (Hrsg., 1996), S. 33 - 43

Michels, E. (1995), Datenanalyse mit Data Mining, Kassenbons - die analysierbaren Stimmzettel der Konsumenten, in: Dynamik im Handel, 11, 1995, S. 37 - 43

Möllmann, S. (1996), Mit Softwareagenten gegen die Informationslawine, in: Hannig, U. (Hrsg., 1996), S. 215 - 224

Mucksch, H. und Behme, W. (Hrsg., 1996), Das Data-Warehouse-Konzept (Architektur, Datenmodelle, Anwendungen), Wiesbaden 1996

o. V. (1996a), Entscheidungen leichtgemacht, in: PC Magazin, Nr. 44, 1996, S. 24

o. V. (1996b), Marketing auf kreativer Basis, in: PC Magazin, Nr. 29, 1996, S. 19

o. V. (1996c), Marktvorteile durch dispositive DV, in: PC Magazin, Nr. 44, 1996, S. 36

o. V. (1996d), Ordnung schaffen im Durcheinander der Informationen, in: PC Magazin, Nr. 8, 1996, S. 4 - 8

o. V. (1996e), Software entdeckt Zusammenhänge, in: PC Magazin, Nr. 32, 1996, S. 22

Reiß, M. (1992), Mit Blut, Schweiß und Tränen zum schlanken Unternehmen, in: gfmt: Lean-Strategie, S. 137 - 173, München 1992

Rensmann, J. (1997), Data Warehousing: dem Kunden auf der Spur, in: Online, Nr. 6, 1997, S. 28 - 38

Rother, G. (1995), Data Warehouse - Die neue Art, Daten zu lagern, in: Diebold Management Report, Nr. 8/9, 1995, S. 3 - 7

Schallenmüller, S. (1996), Schnelle Infos für das ganze Unternehmen, in: PC Magazin, Nr. 36, 1996, S. 38

Scheer, A.W. (1996), Data Warehouse und Data Mining: Konzepte der Entscheidungs-unterstützung, in: Information Management, 1, 1996, S. 74 - 75

Scheer, A.W. (Hrsg., 1993), Handbuch Informationsmanagement: Aufgaben - Konzepte - Praxislösungen, Wiesbaden, 1993

Schinzer, H.D. (1996), Data Warehouse - Informationsbasis für die Computerunter-stützung des Managements, in: WiSt-Inforum, 9, 1996, S. 468 - 472

Schrade, A. (1996), Data Warehouse - Die strategische Waffe für den Unternehmens-erfolg, in: Office Management, Nr. 12, 1996, S. 50 - 53

Schwab, W. (1995), Vom Data Warehouse zum Führungsinformationssystem, in: Bullinger, H.J. (Hrsg., 1995), S. 179 - 198

Seibold, G. (1995), Dimensionales Design für massiv parallele Decision Support Systeme (DSS), in: Bullinger, H.J. (Hrsg., 1995), S. 95 - 143

Strüngmann, U. (1996), Neue Dimensionen für die Datenanalyse - Das Data-Ware-house-Konzept, in: Datacom Special, 3, 1996, S. IV - VI

Tiemeyer, E. (1996a), Lösungswege zur besseren Führungsinformation (1), in: Office Management, 5, 1996, S. 42 - 46

Tiemeyer, E. (1996b), Lösungswege zur besseren Führungsinformation (2), in: Office Management, 6, 1996, S. 54 - 57

Vakily, E. (1996), Data-Warehouse: Mehr Durchblick im Unternehmen, in: PC Magazin, Nr. 26, 1996, S. 6 - 10

Weber, R. (1997), Data Mining mit Intelligenten Technologien: Die Suche nach Informationen in Daten, Vortrag am Online '97 - Congress VIII: Data Warehousing: Fortschritte des Informationsmanagements, Hamburg 1997

Winterkamp, T. (1996), Man nehme ... Komponenten für eine erfolgreiche Data Warehouse-Architektur, in: Datacom Special, 3, 1996, S. XII - XIV

Zahn, E. (1997), Informationstechnologie und Informationsmanagement, Arbeitspapier Nr. 3/1997 des Instituts für Betriebswirtschaftliche Planung der Universität Stuttgart, Stuttgart 1997

Zahn, E. (1996), Unternehmensstrategie und Informationsversorgung - Moderne Informations- und Kommunikationstechnologien (IKT) als Wettbewerbsfaktor -, Arbeitspapier Nr. 8/1996 des Instituts für Betriebswirtschaftliche Planung der Universität Stuttgart, Stuttgart 1996

Zahn, E. (1993), Informationstechnologie und Informationsmanagement, in: Bea, F.X., Dichtl, E., Schweitzer, M. (Hrsg., 1993), S. 225 - 290

Ich erkläre, die vorliegende Arbeit selbständig verfaßt und keine anderen als die angegebenen Hilfsmittel benutzt zu haben.

Stuttgart, den 12.11.1997   Unterschrift

Diplomarbeiten Agentur

Die Diplomarbeiten Agentur vermarktet seit 1996 erfolgreich
Wirtschaftsstudien, Diplomarbeiten, Magisterarbeiten, Dissertationen
und andere Studienabschlußarbeiten aller Fachbereiche und Hochschulen.

Seriosität, Professionalität und Exklusivität prägen unsere Leistungen:

- Kostenlose Aufnahme der Arbeiten in unser Lieferprogramm
- Faire Beteiligung an den Verkaufserlösen
- Autorinnen und Autoren können den Verkaufspreis selber festlegen
- Effizientes Marketing über viele Distributionskanäle
- Präsenz im Internet unter **http://www.diplom.de**
- Umfangreiches Angebot von mehreren tausend Arbeiten
- Großer Bekanntheitsgrad durch Fernsehen, Hörfunk und Printmedien

Setzen Sie sich mit uns in Verbindung:

Diplomarbeiten Agentur
Dipl. Kfm. Dipl. Hdl. Björn Bedey –
Dipl. Wi.-Ing. Martin Haschke ——
und Guido Meyer GbR ————

Hermannstal 119 k ————
22119 Hamburg ————

Fon: 040 / 655 99 20 ————
Fax: 040 / 655 99 222 ————

agentur@diplom.de ————
www.diplom.de ————

www.ingramcontent.com/pod-product-compliance
Lightning Source LLC
LaVergne TN
LVHW092341060326
832902LV00008B/748